歴史総合パートナーズ

③

読み書きは人の生き方をどう変えた?

川村 肇
Kawamura Hajime

JN208351

 SHIMIZUSHOIN

目次

プロローグ：読み書きできなくても大丈夫？

私たちが当たり前に思っていることを，本当に当たり前のことなのか，改めて考えてみると，いろいろな発見がありますね。この本では，読んだり書いたりすることに目を向けます。

　読んだり書いたりすることで難しいのは，何といっても漢字です。

　クイズ番組でも漢字は定番の問題ですね。難読漢字から扁と旁の組み合わせ問題，熟語や書き順に至るまで，数万もある漢字の問題は出題に事欠きませんから，最も手軽に作れるクイズというところでしょうか。

　このクイズが飽きられないのは，目新しい問題が容易にできるということ以外に，漢字をよく知っている人が教養ある人だと思われているフシがあります。漢字はなかなか完璧には覚えられません。漢字知識に対する劣等感と憧れが混じった意識が，漢字のクイズを支えているのでしょう。

　今世紀に入って，日本の首相が国会演説や答弁で，漢字を正しく読めなかったことがありました。それが，有無（ゆうむ，と読みました。以下同じ），未曽有（みぞうゆう），踏襲（ふしゅう），云々（でんでん）など，難読漢字でもなかったので大恥をかきましたが，漢字も読めない人に首相を任せていいのか，というように，漢字を知っていることと教養や政治家としての能力が強く関連づけられていました。

　ともあれ，漢字が読み書きできないと日常生活に支障を来します。ですから私たちは長い時間と多くの労力を使って読み書きを習います。しかし，昔から全員が読み書きできたわけではありませんでした。読み書きできないで，生活は大丈夫だったのでしょうか。また，どうやって読み書きできるようになったのでしょう。

　そもそも人間社会にはアンデス文明のように，文字を持たない文明もありま

した。縄文・弥生時代にも文字はありませんでした。文字は言葉よりもずっと後になって生まれたものでしたから，文字を持つことは文明にとって必要条件ではなかったのです。

　文字を持つことで人間の生き方はどのように変わったのでしょうか。いっしょに考えていきましょう。

1. 文字を読み書きするということを 改めて考えよう

あなたが学んだ漢字は全部でいくつ？

　私たちはたくさんの漢字を学びます。義務教育の中学校までにどのくらいの数の漢字を学ぶでしょうか。

　——正解は2100字超。小学校で1006字，中学校で1130字学ぶように，学習指導要領に書かれています。両方合わせて，2136字を「常用漢字」といいますが，これを基準として新聞や雑誌，法律の文書などが書かれます。ですから2100字を超えて漢字を覚えないと，現代日本語を満足に読むことができないことになります。

韓国語と比べてみよう

　アルファベットはわずかに26字ですから，漢字の学習の大変さは比較になりません。しかも漢字の他に平仮名と片仮名も使います。前者は漢字を崩し，後者は漢字の一部分です。日本語は中国のお陰で文字を持てたのですが，文字を3種類も常用して言葉を綴る言語はほとんどありません[1]。私たちと同様に中国の漢字文化圏の中にあった朝鮮半島で用いられている言葉（韓国語といっておきます）は，文法などの点で日本語とよく似た言葉で，50年ほど前までは漢字とハングル[2]の二つの文字を使っていました。けれども現在では，名前を除けばほとんど漢字を用いず，ハングルのみで表記します。

　他方，日本語を平仮名だけで表記することも可能ですが，大変読みにくいも

※1　性別によって使う言葉が異なっていることが多いのも特徴です。書き方も，女性特有の散らし書きや，手紙における作法など，時代と地域によって異なったものがありました。言葉や文字を学ぶことが，性的役割分業を固定化して教え込むことにつながった面が指摘されています。

※2　韓国語を表記する文字。15世紀に世宗王が作らせたものです。

図1　1962年の韓国の新聞　まだ
漢字が使われています。

図2　現代の韓国の街並み（2014年）
漢字はほとんど見かけません。

のになるばかりか，意味が通じなくなるおそれがあります。同じ漢字文化圏内にある韓国語では普通に行われていることが日本語で困難なのは，日本語の音韻の少なさに原因があります。韓国語は子音も母音も日本語より多いために，音で言葉を区別できる可能性が高いのですが，同音異義語が多い日本語では，平仮名だけではその区別が難しく，漢字に頼らざるを得ない面があるのです。

漢字廃止，ローマ字だけにせよ？

　近年日本では識字の大規模な調査は行われていません。文部省は1964年のユネスコ調査に対して，日本は識字の問題は解決済だとの回答をしています。

　それ以前の調査は，第2次世界大戦直後の1948年に，占領軍の強い薦めがあって行われました。アメリカからやって来た教育使節団は，日本の軍国主義教

育[※3]を払拭し，民主主義を定着させようと教育改革を提言しますが，その一つの施策に漢字の廃止，日本語のローマ字化がありました。彼らは日本語の読み書きを難しくしているのは漢字だと判断しました。また，読み書きできない人が多かったために，人々は正しい情報を知らされず，軍国主義を止められなかったと考えたのでした。このときの調査の対象は15歳から64歳の男女1万7000名弱でした。

　この調査結果は占領軍を驚かせました。新聞を全く理解できない人は数パーセントだったのです。日本人はもっと読み書きができないと彼らは考えていたのでした。ところがその調査で示された数字は，占領軍の驚きとは反対の意味で驚きだと指摘する人もいます。調査結果を子細に検討すると，新聞を正確に理解できない人と，半分程度しか分かっていない人がともに2割強で，合計4割強の人が新聞をちゃんと読めていなかったのです。今から70年ほど前にはまだ読み書き能力に問題がある人が，かなり存在していたのでした。

　現代日本にも読み書きに苦しむ人がいます。それは学校の勉強が苦手な人たちだけではありません。

　たとえば皆さんは夜間中学という存在を知っていますか。公立の夜間中学は全国に30ほどしかありませんし，都市部に集中していますから知らない人も多いでしょう。これは，病気や貧困，その他何らかの理由で中学校を卒業できなかったり，不登校になった人たちや，外国からやって来て日本語が不自由な人たちなどを対象とした中学校です。こうした教育を必要としている人たちは推定200万人といわれています。私たちはこうした人たちの存在が見えないか，

※3　戦争を最優先する国策のための教育のことです。

忘れてしまっていますが，外国からやって来る人たちを含めれば，その数は年々増加しています。

日本語をやさしくするのは甘やかし？

　文字の読み書きに困難を来す発達障害[※4]もあります。これをディスレクシアといいます。知的に問題はないのですが，文字の読み書きが困難な障害です（この他にも計算が困難な障害などもあります。これらをまとめて学習障害といいます）。学年や読みと書きとでも違いがあるようですが，小学生の2〜4%程度にこの障害があるようです（1996年調査）。そうした人たちにとって文字の読み書きを強要されることは，彼らに対する抑圧であり，差別ではないのか，という指摘があります。

　また，学習障害ではなくても，2100字も漢字を覚えていないと運用できない日本語を強要することも，日本語を母語としない人たちに対する抑圧ではないかという指摘もあります。

　たとえばアイヌや沖縄の人たちに対して，圧倒的多数であるヤマトの人たちの持つ均質性を押しつけることは，日本の単一民族神話[※5]ともあいまって，批判的に見られています。均質性を押しつけないことが多様性を認める世界の流れの中で主流になりつつあります。それと同様に，非識字者に対して，この社会は彼らに文字を読まねばならないという「均質性」を押しつけていることになるのではないか，というわけです。従来こうした指摘は「甘えの助長」ととらえられていたのではないかと思います。それとは逆に，こうした人たちの読む権利を「読書権」として，それを保障するように求める人たちもいます。またその一環としてできるだけ漢語・漢字語を使わずにやさしく言い換える自治体

や研究者の動きもあります。これは「甘やかす」ことになるのでしょうか。

　スペインはイギリスが世界で覇権を握る前，海外にたくさん植民地を持ちました。その名残が，フィリピンや南米の多くの国でスペイン語が用いられていることに現れています。世界に散らばる多くの植民地でスペイン語を普及させるには，その初歩が簡単でなくてはいけません。現在でもスペイン語の初歩が比較的簡単なのはそのためだともいわれています。そうだとすると，日本語をやさしいものにするのは「甘やかしだ」という考え方も変わってきませんか。

　2011年からコンピュータに大学入試問題を解かせる「東ロボくん」プロジェクト[6]がありましたが，この研究の過程で大きな副産物がありました。全国の約2万5000人に，文章の意味が分かれば，知識がなくても解ける程度の選択問題を出したところ，中学3年生の約15％は，主語が分からないなど，文章理解の第一段階もできていなかったことが分かったのです。そして約半数が，推論や二つの文章の異同などを十分に理解していなかったとのことです。戦後すぐに新聞をよく理解できない人が半分弱もいたことを思い起こさせますね。文字が読める・読めない，ということとは少し違いますが，内容理解ができないのでは，読めないのと同じことになります。

　こうしてみると，読み書き能力に問題がある人が少なくないということは，現代でもいえるのではないでしょうか。識字能力の問題は，どこか遠い開発途

※4　肉体的・精神的な不全をもたらす症状群で発育期に多く見られるもの。

※5　日本人がヤマト民族という単一の民族で構成されているという考えですが，アイヌの人々や朝鮮から渡来している人々なども日本人ですから正しくありません。

※6　日本の国立情報学研究所が中心となって2011年から2016年にかけて行われたプロジェクト。ロボットに東京大学に合格できる能力を持たせるには，何が必要なのか明らかにすることを目標にしていました。

上国の問題で済ませられないかもしれません。

文字と印刷のおかげで…

　文字の誕生によって言語は記録保存されるようになり，時間的超越性を獲得しました。しかし記録保存される言葉は，支配階級の言葉に大きく偏りました。文字を獲得するには時間がかかるからです。生産力の低い段階では，労働時間を削ってまで文字教育に時間をかけることは支配階級以外にはできませんでした。ですから文字の獲得は支配の永続性を保障するものでもありました。他方，一般民衆の言葉が文字によって記録保存されることはあまりありませんでした。民衆の記憶は語り継がれたり，歌謡の形をとって人々の中に記録されたのです。

　文字は記録保存されることによって，遠隔地まで運ばれるようになりました。空間的超越性の獲得です。一過的で消滅してしまう音声とは比べものにならないくらいの影響力の広がりを持つに至ります。

　しかし，文字を持つことによって生まれた弊害や，なくなってしまった大切なことなどはないのでしょうか。考えてみましょう。

　西洋では15世紀ドイツのグーテンベルク（1398？〜1468）の活版印刷の発明によって，印刷革命ともいわれる変化が始まり，印刷物が飛躍的に普及します。そして聖書が印刷されることによって，宗教革命[7]にも影響を与えました。16世紀に誕生するプロテスタントがカトリックの免罪符（めんざいふ）を批判し，「聖書のみ」という信仰態度をとり得たのも，聖書が普及していたからです。そしてその聖書を読めるということが信仰の証（あかし）とされて，民衆の識字能力にも大きな影響を与えました。

「読み書きできる」って何？

　先に「現代日本語を満足に読むためには2100字以上の漢字を知らなくてはならない」と書きましたが，数種の文字を使い分ける日本語の場合，どの程度のところまでを知っていれば，「文字が読み書きできる」人と認められるでしょうか。「文字が読み書きできる」人を識字層といいますが，平仮名だけ書ける人たちを識字層と考えてよいでしょうか。ハングルが書ければ韓国では識字層だと思いますが，日本語ではどうでしょう。漢字を知らないのに識字層だ，ということに違和感があるとすれば，どの程度の漢字を識字層は知っているべきでしょうか。小学校卒業レベルでしょうか，中学校卒業レベルでしょうか。2100字の総てを読み書きできない人が非識字層だとすると，かなりの人たちが非識字層に入れられてしまいそうです。

　また「読めるけれども書けない」人は，識字層でしょうか，非識字層でしょうか。ワープロやパソコンの普及によって，書く機会が減ってきた私たちは書くことが苦手になってきて，まさに「読めるけれども書けない」状態に陥ることが多くなってきました[8]。

　こう考えると，どこまでを識字層とするかという議論は恐らく決着しません。その意味で識字層の人口に対する割合（識字率）を算出しようとするのは無駄に近い試みということになります。そこで日本の識字を研究し，初めての通史

※7　キリスト教のカトリック教会が腐敗していると批判して行われた教会改革運動。

※8　「書けるけれども読めない」ということはあまりありませんね。漢字を習うときには書いて覚えるやり方をするため，書ければ読めるのが普通のようです。外国語は必ずしも書いて覚えません。また中国語や韓国語と違って，日本語の漢字の読み方は音読みと訓読みがあるのが普通で，漢字によってはおびただしいほどの読み方を持っているものがありますので，そういう場合には「書けるけれども読めない」ということもありますね。

を出版したアメリカの研究者R.ルビンジャー氏は逆側，すなわち非識字層を明らかにすることを考えつきました。書けない，ということは程度の問題ではなく，事実の問題であり，議論の余地がないからです。これならば数字で割合を示すことができるようになります。この考え方に基づいた検討結果は，あとで詳しく見ることにしましょう。

日本語は逆立ちしている？

　明治時代の初め，日本は近代化を目ざして，西洋の文物を急速かつ大胆に取り入れようと必死になりました。そのために留学生を多数派遣しました。1872年に「学制」という教育法令を発して全国に小学校の設立を進めましたが，追加を含めて200章を超える条文のうち，最も多く規定されているのは，学校設立に関連する条文ではなく，留学に関するものでした。

　西洋の文物を輸入しようとすれば，そこで用いられている概念も輸入しなくてはなりません。けれども，西洋と東洋の宗教，文化や思想の組立ては大いに異なっていて，当時の日本ばかりか東洋にもない概念が多数ありました。それを西周[9]（1829〜1897）や福沢諭吉[10]（1835〜1901）といった人々が漢字2字の熟語を作成または借用して，日本語の中に大量に取り入れたのです[11]。たとえば哲学という言葉は西の発明ですし，スピーチに演説という熟語（元々は仏教用語にあるといいます）を当てたのは福沢でした。このときに重視されたのは漢字の意味でした。ですから，文字を見れば意味のおおよそのところは見当がつきます。けれども読みはほとんど考慮されませんでした。そのためにこの時期の翻訳によって，大量の同音異義語が生み出されたのでした。

　私たちは同音異義語を区別するのに文脈で判断しますが，それでも難しい場

合には，文字に頼らざるを得ません。そういう意味では，私たちは現代日本語で会話しているとき，頭の中で漢字変換しながら理解しているともいえるでしょう。言語は音声を基本とする，という見地からすれば，漢字に頼る現代日本語を「逆立ちした言語」と見る人もいます。

　音声で区別できない意味を文字で区別する現代日本語を理解するためには，どうしても一定数の漢字を知っていなくてはなりません。それが2100字を超える漢字学習となって，私たちに課されることになるのです。

　では，同音異義語がそれほど多くなかった江戸時代まではどうだったのでしょうか。いつごろ，どのように読み書き能力が広がったのでしょうか。

歴史家は名探偵

　歴史を遡る前に大切なことを一つ。

　「歴史は暗記物だ」ということを聞いたことがあるでしょうか。入試に出る年号や事項を必死に覚えて試験で吐き出すのが歴史というわけです。皆さんもそう思いますか。しかしこれでは歴史を好きになれ，というほうが無理ですね。しかもそんな覚え方をするものですから，一年もしないうちにほとんどの詰め込み知識を失ってしまいます。歴史はそんな無駄で，詰まらないものではありません。

※9　幕末明治期の啓蒙思想家，哲学者，教育者，官僚。啓蒙団体明六社創設。著書に『百一新論』『致知啓蒙』『百学連環』など。

※10　幕末明治期の教育者，啓蒙思想家。慶応義塾や明六社を創設。著書に『西洋事情』『学問のすゝめ』『文明論之概略』『福翁自伝』など。

※11　この一部の二字熟語は中国語に「輸出」され，現在も使われています。

歴史を学ぶということは，資料に基づいて，ある出来事の原因や結果を時間的に探って，ひとつながりの物語を生み出す営みです。推理小説で証拠に基づきながら犯人を特定していく名探偵の作業にも似て，知的で楽しい営みです。この本ではこうした見方に立って，資料を読みながら大きな物語を紡ぎ出そうと思います[※12]。

2. 江戸時代の特質を知ろう

兵農分離ってどんな意味があった？

　兵農分離は豊臣秀吉（1537〜1598）の時代，山城国（現京都府南部）の検地から始まりました（1582年）。太閤検地といわれるものです。農地を測量し，その土地の収穫高を査定して，推定収穫高を村ごとに検地帳に登録，大名に差し出しました。この調査によって，平安時代以来の複雑に入り組んだ課税体系を一掃し，統一的な課税体系を制定，大名の領内一円支配体制ができたのです。

　1588年の刀狩令で民衆を武装解除し，1591年に身分統制令を出して身分移動を禁じ，兵農分離は完成しました。その結果，地方の行政は村役人に委ねられることになったのです。そこには相当な自治権が与えられました[1]。

　江戸時代もそれを継承して，城下町に武士が集住しました。多くの藩では農村支配は農民の代表に任せる村請制度をとりました。そのために，農民の代表である村方三役（村役人。庄屋または肝煎・名主と，組頭または年寄，そして百姓代[2]）などは年貢の計算や記録を行わねばなりませんでした。彼らの作成した記録は彼らの家に代々伝えられ，大切に保管されました。

庄屋さんは大わらわ

　村役人たちの扱う文書には，どんな種類の文書が含まれていたのでしょう。また，それを扱うために，どのような読み書き能力が求められたのでしょう。

　庄屋の仕事は次の四つに分けられます。①年貢の計算，②記録の作成，③村落の経営，④村落の代表です。それぞれについて，どのような読み書き能力が必要

※1　薩摩藩（現鹿児島県）のように，武士を彼らが支配する農村に住まわせて統治するところもありました。薩摩では，百姓一揆は発生しなかったとされています。

※2　庄屋は村の長，組頭は庄屋の補佐役，百姓代は農民代表で庄屋や組頭の職務遂行を監視しました。

とされたのかを見ておきましょう。

①　年貢の計算……庄屋の第一の責任は生産を最大限に増やし，農村に課された年貢を効率よく集めることでした。税率は年間収穫量の4割から5割の範囲が普通でした（これを四公六民とか五公五民などといいます）。

　幕府と藩は秋になると年貢割付状を管轄下の村々に送ります。庄屋は石高を考慮して，年貢を割り当てました。年貢は庄屋宅に集められ，そこから郡代[※3]または藩主のところに運ばれました。

②　記録の作成……1640年代，幕府は領地の人別改の作成を村役人に命じ，彼らは農民の名前，社会的地位（本百姓，水呑，被官など[※4]），年齢，さらに家，家畜，所有地などを調べて人別改を作成しました。

　これに先立って，幕府はキリスト教徒をなくすため，人々を仏教寺院に紐づける政策を実行に移し，各藩も同調しました。寺院は信者として檀家を保証することになったのですが，これを寺請制度といいます。これによって寺院は支配体制に組み込まれました。そして信者を宗門人別帳に記録し年々更新しました。初期には人別改と宗旨調査は別個に行われたのですが，中期から前者は宗旨調査に吸収されました。

　また幕府は五人組という制度を導入しました。五人の人間に共同責任を負わせ相互に監視させる隣保制度です。その記録は毎年五人組帳に記載されました。五人組帳には掟が列挙され，続いてそれぞれの家が掟を守ることを誓って世帯主の印判が押されます。この掟は村の手習塾（寺子屋[※5]）でも教材として使われたところがあります。

③　村落の経営……村人たちは自分たちで掟や規則を作り，秩序を維持していました。村の掟は寄合の場で作成される例が多かったようです。深刻な

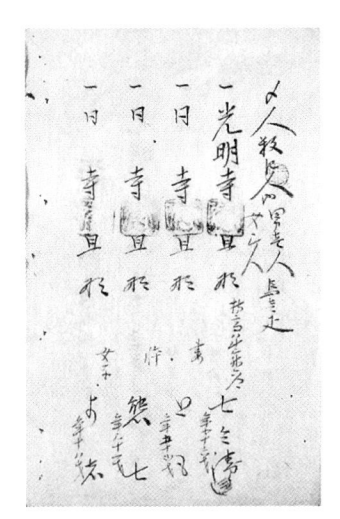

図3　宗門人別帳

掟破りに対しては村から追放したり，村八分※6にしたりしました。

　この他，村の利益を守るため，訴訟，請負，貸付に関する手続きを書き記しました。村を出入りするためには人別送り状が必要でしたが，それを管理していたのも庄屋でした。

　庄屋は村の仕事や道路，橋，水路の維持管理にかかった費用を記録して

※3　幕府直轄地や藩の地方役人。管轄地域が狭い場合などは代官といいました。

※4　本百姓は耕地・家・屋敷を所有する農民，水呑はそれらを持たない農民，被官は地主に身分的・経済的に隷属する農民。

※5　一般的には寺子屋と呼ばれていますが，江戸時代の一般的な呼び方ではありませんでした。寺と関係なく設けられたところも多いので，主な学習内容の手習いをとって，この本では手習塾と呼びます。

※6　村八分とは，村人とのつき合い全体を十として，そのうちの二つ，火事と葬式だけはつき合い，それ以外はつき合いを絶つことをいいます。

保管していました。村の財政に関する情報は村 入用帳（むらにゅうようちょう）と呼ばれる帳簿に保管され，年末の寄合のときに，村人が会計監査を行いました。

④　村落の代表……庄屋は村を代表して，嘆願書（たんがん）を作成することがありました。公的な形式に則った嘆願文（漢字仮名交じりの 候文（そうろう））を書くことは，大抵の農民の能力を超えていました。

以上のように村落行政の長として庄屋は，今日の町や村の役所がやっているのと同様，あらゆる行政機能を担っていたのでした[7]。

江戸時代を通じて，おおよそ6万3000ほどの村がありました。それぞれに村役人は2〜3家族いましたから，江戸時代初期において，だいたい3000万ほどの総人口のうち読み書き能力を持った人々は，少なくとも十数万を数えるようになっていたと推計されます。

こうして読み書き能力は江戸時代の特質とかみ合って，上層農民の間に不可欠のものとして普及，定着しました。

他方，年貢高をめぐって上層農民と一般農民の間に紛争が起こることがありました。これを村方騒動といいますが，17世紀の嘆願書の中には，庄屋たちの年貢算定額に疑問を抱いた本百姓が作っているものがあります。江戸時代の初期から騒動がありましたから，読み書き能力は上層農民だけに独占されていたわけでもないようです。村役人以外の農民の側も，一部はある程度の読み書き能力を持っていたようです。

大名の能力ってどのくらい？

次に武士の読み書き能力を見ておきましょう。

『土芥寇讎記（ど かいこうしゅうき）』という1690年頃に書かれた242人の大名に関する評判記が

あります。著者は不明ですが，幕府の役人が書いたと考えられています。そこから大名たちの能力をうかがうことができます。

下野国（現栃木県）宇都宮の大名奥平昌章（1668〜1695）は，遊び人で酒に溺れ，歌舞伎役者やその他の悪名高いろくでなしを呼んで「日夜酒宴に遊興」するといった調子でした。また「男色女色ともに猥に好み」，「文盲・不学」の近臣たちを侍らせていたといいます。28歳で若死にしました。

岡山31万5000石の大名池田綱政（1638〜1714）は，「文武ともに無双の学者」だった父親光政（1609〜1682）から書物を膨大に受け継ぎましたが，魯鈍で読み書きができなかったとされています。彼は奥平昌章同様，日夜酒宴を開くような放埒者で，学者の子でありながら，このような「不学文盲短才」も珍しいと噂されていたようです。『土芥寇讎記』の著者たちも，どうしてあの父親からこのような息子が生まれたのかと嘆いています。

この他，およそ5%の大名は「文盲」であると述べていますが，漢文の本が読めない，という意味かもしれませんし，平仮名すら覚束ないという意味かもしれません。

それからおおよそ200年後，明治時代の1870年の記録ですが，山口県岩国藩校の報告では「今士卒八千の中にてかなりの書き読みをなし得る者いく人ぞや。唐本を読み得る者を算せば千人につき五人にも満ざるべし［仮に五人と定めば八千人のうちにて四十人なり］」としています。唐本というのは漢文で書かれた本のことで，それを読める武士はわずかに0.5%以下だと言っています[8]。

※7　なお，庄屋の地位は有給の職でした。村の最高指導者として，大抵は村の米収穫量の0.5%を受け取るのが常でした。

※8　後述する『日本教育史資料』に掲載されています。

どうやら指導的な武士層の総てに読み書き能力があったわけでもなければ，その能力は均一でもなかったということがいえそうです。地域，地位，そして個人によって相当な違いが存在していたのでした。

学校のない社会！

　読み書き能力は現代では学校で身に付けることができます。江戸時代ではそこが違っていました。当時，少なくとも現代のような学校はなかったのです。

　一番の大きな違いは，総ての子どもたちに教育するのは社会の義務であり，そのために公教育としての学校が必要だ，という考え方自体がなかったことです。

　「教え―教えられる場」がなかったわけではありません。大坂の懐徳堂や適塾，長崎の鳴滝塾や京都の堀川塾，江戸の護園塾，大分の咸宜園などといった私塾[9]がありましたし，民衆のための手習塾もありました。けれどもこれらは教えたい人を慕って学びたい人が集まる自主的なもので，組織立ったものではありませんでした。ですから教える人には何の資格もなく，教える内容や方法は全く自由で，学ぶ側の就学年数なども決まっていないのが通例でした。いつ来てもいつやめても自由，学年もクラスも卒業という概念もなく，決まった授業料もありませんし，手習塾などは始業や終業の時刻も決まっていませんでした。

　教え方も違っていました。手習塾では一斉授業ではありません。きちんと整列して前を向いて学ぶ，ということがないのです。師匠が子どもを呼び寄せ，一対一で文字を教え，それ以外の子どもたちは自分の机で自習したり遊んだりしていました。教科も文字学習を主として，算盤や謡を教えるところもありましたが，多くは文字学習の手本から地名やモノの名前を覚えた程度でした。ひたすら文字を書いて覚えたのです。これを手習いといいます[10]。

図4　渡辺崋山「一掃百態図」手習塾の図

　組織立っていないので，手習塾で文字が書けるようになっても，それに接続する学びの場は決まっていません。小学校を卒業して中学校に行く，というような学校階梯[11]がないのです。

女は学ばない？

　民衆の手習塾の興隆には大きく地域性が刻まれていました。江戸時代末まで

※9　懐徳堂は1724年尼崎に創設。富永仲基・山片蟠桃らが学びました。適塾は，1838年緒方洪庵が開き，大村益次郎・福沢諭吉らを輩出しました。鳴滝塾は，1824年シーボルトが開設，診療所を兼ねました。高野長英・伊東玄朴らが塾生でした。堀川塾（古義堂）は，1662年伊藤仁斎が開設。全国から多数の塾生を集めました。蘐園塾は，1709年荻生徂徠が開き，服部南郭や太宰春台らを出しました。咸宜園は，1817年広瀬淡窓が日田に開き，全国から門人3000人余を集め，大村益次郎らを輩出しました。

※10　これに対して武士たちの子弟は漢籍（漢文の書籍。大抵は儒教関連）を読むことから始めました。ひたすら読んで理解するのです。これを素読といいます。身分によって学び方や学ぶ中身も違っていたのでした。

※11　学歴のはしごのこと。現代は小中高大と階段のように連なっています。

表1　府県による手習塾就学の男女比（男性100％に対して）

府　県		男性に対する女性就学の割合
比率の高い府県	東京	88.7
	京都	74.4
	大阪	53.4
比率の低い府県	青森	4.9
	熊本	4.1
	秋田	2.1

表2　身分による手習塾就学の男女比（男性100％に対して）

地　区		男性に対する女性就学の割合
東京	町人地区	94.8
	混在地区	82.8
	士族地区	73.3
	農村地区	63.8

には日本中に広がりましたが，その広がり方は均一ではなく，大坂，江戸，京都といった都市に集中し，また信濃（現長野県）など特定の地域に多く見られた反面，薩摩や越後（現新潟県）などの地域では比較的少なかったのです。概して中央から離れた地域では多くはありませんでした。都市の手習塾はより大きく，子どもたちは農村よりも定期的に出席しています。農村では，子どもたちにとって農作業の方が優先順位が高かったのです。

　就学（学校ではありませんが，便宜上就学と表現します）に関する性差と身分の違いも就学率に関する資料から明らかです。以下，『日本教育史資料』[※12]の数字から見ていきます。表1は，都市地域と農村地域との両方で，男性を100とした場合の女性の就学率を示しています。この数字から，幕末の都市と農村の女性の手習塾就学率に，大きな落差があったことが分かります。

　表2は同様に江戸の手習塾の女性の就学率を示したものです。居住地域による就学率の違いが身分から来ていることははっきりしています。居住者のほと

図5　筆子塚

んどが商人の地域ではほぼ男性の就学率に近い。江戸の中の農村部では就学率は低いのですが，それでも江戸時代にしては比較的高率です。表1と表2の農民の就学率を見ると，都市と農村の違いは劇的で，江戸では63.8％であるのに対し，秋田ではわずかに2.1％です。表2から身分による就学率の違いが明瞭ですが，むしろ地域的な差異が大きく作用していました。

村の数だけ手習塾があった!?

　ところで，このような手習塾はどれくらい存在していたのでしょうか。

　その問いにある程度答えてくれる資料が『日本教育史資料』です。この調査

※12　1883年以降，文部省が全国に江戸時代の教育についての調査を命じますが，その調査結果を数
　　　年かけてまとめたものです。

では，各藩に置かれた藩校，家塾などと，郷学^{※13}，手習塾などの来歴を調べました。手習塾については，塾主の氏名，創設と廃止の年，寺子数，教えていた教科目などを調査しています。埼玉県などいくつかの県は調査結果が残っていませんが，ほぼ全国的な調査で，江戸時代を記憶する人たちが多かった当時の資料として大変貴重なものです。

　この資料によりますと，全国で1万2000軒を超える手習塾が開業しました。開業数は19世紀に入ってから増え始め，1830年頃から急増し，幕末期にピークを迎えました。この数字には江戸時代のうちに廃業しているものが含まれています。他方でこの資料から漏れている手習塾が膨大にあるという指摘は，長野県の手習塾調査や，千葉県を中心とする「筆子塚^{※14}」調査によって実証的に裏づけられました。

　こうした事情で，手習塾が最も多く存在していた幕末でも，どのくらいの数が存在していたかをきちんと示すことは困難です。当時の村数6万3000の各村に一つあったと考えれば6万を超えます。1万2000という数は現在の小学校の数のおおよそ半分に当たります。少なくとも，現在の小学校と同数程度の手習塾が幕末に存在していたと考えても，大過ないと思います。

※13 各藩が江戸藩邸内や地元に置いた，主として武士たちのための教育機関のうち，公的なものを藩校，私的なものを家塾といいます。郷学は田舎（いなか）に置かれた教育機関ですが，その性格は様々です。郷学校ともいいます。

※14 筆子塚というのは，手習塾などの師匠を顕彰するために筆子たちが建立した石塔です。墓を兼ねるものもあります。千葉県では『日本教育史資料』掲載数の30倍にものぼる筆子塚が川崎喜久男氏によって報告されました。顕彰されているのは師匠なのだから，これを師匠塚と呼ぶべきだ，という主張もあります。

3. 統計的数字を調査しよう

どのようにして識字能力が普及したのでしょう。普及した識字能力は，人々にどのような影響を与えたのでしょう。そのことを調べるのに，二つの方法で迫ってみようと思います。一つは統計的に記録された数字を調べること，もう一つは日記や著作物などに現れる歴史の「証言」に耳を傾けることです。

　最初に統計的に記録された数字を調べることを考えてみましょう。

　西洋キリスト教圏の識字研究は，日本の研究に比べて大きく進展しています。それは現代まで残っている資料によるところが大きいのです。西洋では結婚に際して，教会で宣誓書に夫婦ともにサインするという習慣があり，その資料が大量に残っています。そのために，結婚している男女についての識字の割合をほぼ完全に割り出すことができるというわけです。

どんな資料があるのかな？

　では，それに相当するような資料は日本には見当たらないでしょうか。できるだけ多くの人たちが一律に署名しているような資料。今まで学んだ歴史の中に，そうした資料はなかったでしょうか。従来はヨーロッパとは違い，サインのある資料は重要視されていませんでしたが，1990年代に入って研究者たちは，三つの資料に注目するようになりました。

　一つは宗門人別帳です。これは前に触れましたね。1637年の島原天草一揆[1]の後，幕府のキリスト教取り締まりは格段に強化されました。1639年幕府は最後の鎖国令[2]でポルトガルとの交易を止め，1640年には宗門改役という職を設

※1　九州の島原と天草地方のキリシタンたちが，キリスト教信仰の復活，租税軽減を求めて，幕府を相手に闘った一揆。

※2　幕府が発した，幕府以外の者が外国と通交・貿易することを禁止する一連の法令。

置して，宗門人別帳を作成させることにしたのです。現在この記録の総てが残存しているわけではありませんが，全国に数多く散在して残っています。

　宗門人別帳は村や町に旧暦6月の時点で住んでいる総ての人を赤子にいたるまで書き上げました。そして文書の内容を理解し同意したことを証明するために，自分の名前の下に個人の符牒（自分を示すしるし）を記したのです。他人が書いたその名前の下に，自身の手によって符牒をつけることで，各人の意思表明がなされたものとされました。しかしこれは長くは続かず，印鑑による証明に取って代わられてしまったので，署名入りの宗門人別帳を探すのは簡単ではありません。けれども，ここには老若男女の総てが一律に名寄せされていて，識字能力の全体を示す格好の資料の一つです。

　二つ目は起請文や村掟などの類いです。中世から近世初頭にかけて，村の人々が一つの決定や誓いを行ったとき，それに参加した人全員が決定や誓いの文書のあとに署名する形式のものです。ただしこの資料には子どもは入りませんし，女性もほとんど入りません。村の決定事項に参加できる人に限定されている資料です。特にキリスト教棄教の誓いを南蛮起請文といいます。

　三つ目は入れ札です。江戸時代の村で行われた村方役人選出のための選挙や，盗難事件の犯人探しなどに用いられた方法です。無記名なので，誰が書いたのかは分かりませんが，入れ札した人の総数の中の識字者の割合は求めることができます。しかしこの資料も村に住んでいた全員ではなく，入れ札に参加できた本百姓の家長に限られており，また女性や子どもも参加できませんでしたので，彼らの能力を推し量ることはできません。

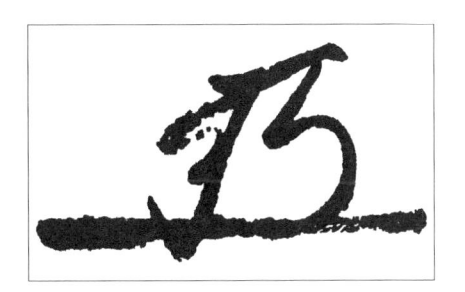

図6　源頼朝の花押　　　　　　図7　徳川家康の花押

花押，カッコイイ！

　さて，その個人の符牒ですが，中でもよく知られているのは花押（かおう）という筆によるサインです。

　花押は平安時代の初めに現れました。花押は高い教養のある貴族に好まれ，名前に使われている漢字から作りました。鎌倉時代，武士階級が権力を掌握すると，名前の漢字のうちの，異なった二つから一部分ずつを取り出し一つにして，それを続け字で書く新しい花押が発達します。源 頼朝（みなもとのよりとも）（1147～1199）の花押の場合，どういう漢字からできているか分かるでしょうか。

　徳川家康（とくがわいえやす）（1542～1616）の花押の形は，単純な二本の平行線の間に意匠が書かれているものです。この書き方は，一般民衆にまで伝わっていきました。しかし18世紀中頃には，花押を木の印判に彫りつけるのが慣習になってきました。そうなると花押はその元々の意味と機能を失い，廃れた（すた）ようです[3]。

※3　花押は現代でも伝統にならって，重要法案が委員会を通過し国会に上程される前に，その法案の裁可に閣僚が花押を書き加えています。

筆で文字を書くにはある程度の訓練が必要で，特に細字を書くのには技術がいります。花押は文字ではありませんが，むしろ文字よりも複雑で，扱いが難しい面があります。ですから，花押を書ける人は漢字で文字を書けた（そして読むこともできた）と推定することに大きな無理はないと考えられています。

しかし花押は総ての人が書けたわけではありません。花押を書けない人は，どのように個人を証明したのでしょうか。

こうした人々は略押と呼ばれる符牒を使いました。略押は，花押をより単純にしたものから，単なる丸印もあります。その中心に点があるものも，ないものもあります。今堀惣分連署定状（図8）は，1639年に近江国（現滋賀県）今堀村の村人が4列で「署名」しているものですが，名前の下に花押を書いている者が4〜5名，他のほとんどは思い思いの簡単な略押を書いています。

鎌倉時代の末から，筆軸印という粗末な印象の符牒をつける方法が現れます。これは筆の先ではなく，軸の方を墨につけて符牒とするものです。筆軸印は18世紀初め頃まで，特に女性や子どもなどの字を書けない民衆によく使われました。

爪印も字が書けない人々に使われた符牒です。指の爪の端を墨に浸し，紙に押しつけて印したものです。若い女性は印判を持ち歩かず，筆軸印か爪印を押したようです。この他，血判と拇印もときどき見かけます。

驚くべき高水準！：京都都市部　六角町の南蛮起請文

最初に都市部の読み書き能力を示す資料を見ておきましょう。京都の中心部にある六角町の南蛮起請文です。

室町時代以来，京都の六角町は豊かな商人たちの街でした。1635年，京都所司代は住民総てに対して，自分はキリシタンではないと誓わせ，そのことを証

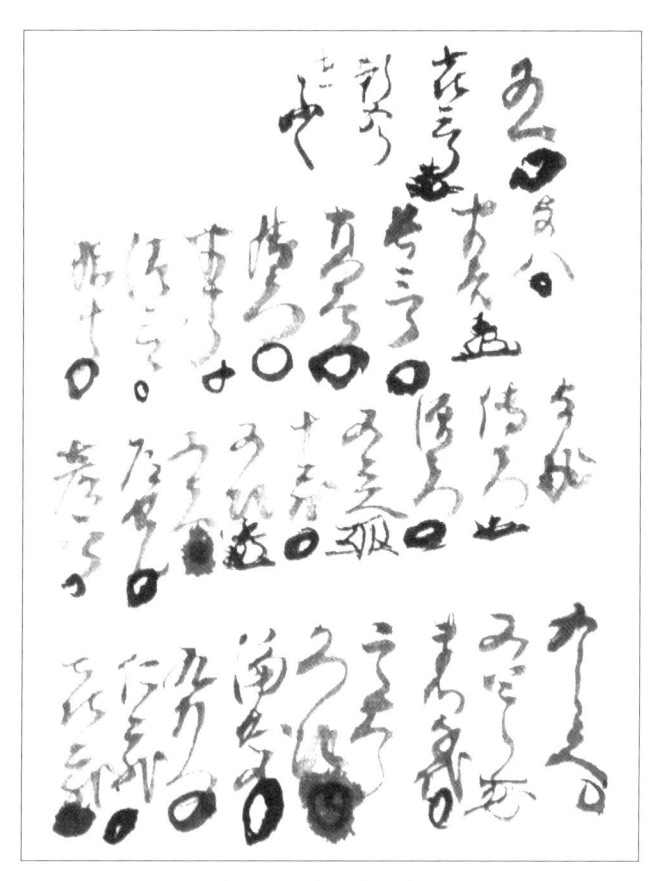

図8　今堀村の花押と略押（1639年）

　明するために名前に続いて印をつけるよう命じました。対象は世帯主に限られ
ず，男，女，6歳以上の子ども総ての名前を含んでいます。

　文書は1頁が1世帯に割り当てられています（図9）。大抵の世帯には使用人が
いて，下段にその名前が書かれています。そこに家族のそれぞれの続柄が，妻，
母，兄などと書き込まれています。性別は書かれていませんが，女性の使用人の
名前は平仮名で書かれ，男性のは漢字で書かれていて判別できます。

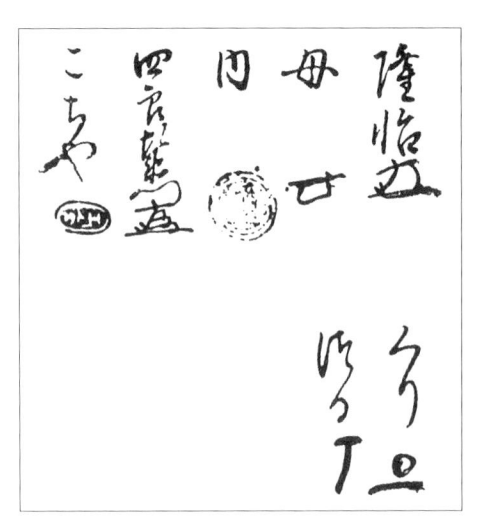

図9　南蛮起請文の「署名」（1635年）

　世帯主は最初に記され，それに他の家族が続き，家族は近親のものから並べられています。世帯主にすぐ続いてその父母，妻，そして年齢順に兄弟姉妹，子どもの順です。

　多くの一般民衆も苗字を持っていましたが，一般的には人前でそれを名乗ることはできず，正式な文書でそれを使うことも許されていませんでした[4]。成人女性は名前なしで記されるのが普通で，妻や母あるいは寡婦といった続柄などだけが書かれています。

　この資料では，家持ちの世帯主26名のうち，19名（73%）が花押を書いています。印判を押している2人の寡婦を母数から除けば79%になります。

　この文書からは，花押を書けるのは世帯主だけではないことが分かります。世帯主に加えて，兄弟，甥，使用人そして女性も花押を使っています。

　女性については印鑑を名前の証明に使っている人が圧倒的多数です。20名の

妻のうち，18名（90％）が，11名の母親のうち8名（73％）が印鑑を使い，娘14名のうちの半数が印判を押しています。2名の妻は印鑑を使わず筆軸印を押していますが，母親のうちの2名は花押を書き，1名は筆で略押を書いていて，簡単な文字なら書くことができたと思われます。印鑑を使わなかった7名の娘たちは，まだ教育を受けていない幼い少女でしょう，筆軸印を押しています。

　3名の父親のうち2名が花押を使っており，1名は印判を押しています。9名の甥と叔父<ruby>叔父<rt>おじ</rt></ruby>または<ruby>伯父<rt>おじ</rt></ruby>のうち，5名が花押を使い，4名が印判を押しています。23名の息子のうち，10名（43％）が花押を書き，残りは印鑑（30％）と筆軸印（21％）に分かれます。年上の息子たちは，花押を使わず，印鑑の使用に移っていくところだったと見られます。息子のうちの1名は略押を書いています。筆軸印が幼い子どものものと仮定し，それを計算から除外すれば，花押を書ける息子の割合は43％から56％に増加します。12名の成人男性は世帯主ではないのですが（年齢が分からない甥を含む），そのうちの7名（58％）が花押を書いています。息子の花押使用率が56％ということで，商家においては父親から子どもへと読み書き能力は落ちてきているのでしょうか。他方で58％という数字は，花押の使用が世帯主を超えてその外側の男性に浸透していったことを<ruby>示唆<rt>しさ</rt></ruby>してもいます。

　使用人に関しては，63名が男性で，58名が女性でした。63名の男性のうち27名（43％）が花押を使用し，字を書く能力が高かったことを示しています。男性使用人の29％は幼い子どものようで，筆軸印を押し，字が書けなかったと思われます。花押を使用する人々は年上の<ruby>奉公人<rt>ほうこう</rt></ruby>で，帳簿をつけ，書いた記録を

※4　苗字がなかった，といわれることがありますが，誤解です。

保管し，実用的な読み書き能力を必要とした人々でした。筆で略押を書いている20％は，花押を使用する人々の能力にはほど遠いのですが，彼らには何らかの読み書き能力があったと仮定して，その20％を花押使用の割合43％に加えれば，63％の男性使用人は読み書き能力を持っていたことになります。

　同じ基準で見ると，女性使用人の62％が字を書けなかったことになります。しかしながら，女性使用人の中に花押を書いている2名の乳母がいます。もっと基礎的な読み書き能力について見ると，58名の女性使用人のうち，12名（21％）が略押を使っています。このように，24％ほどの女性使用人が，何らかの読み書き能力を持っていたと思われます。残りの女性使用人たちは恐らく読み書きできませんでした。少女のうち8名（全体の14％）は印鑑を使用しています。読み書き能力の高い者と低い者の割合は，男性の場合とほぼ逆になっています。使用人のうちでは，奉公先の家族と同様に，男性の読み書き能力がより高かったと思われます。少女たちは年若く，読み書き能力をあまり必要としない子守や手伝いをしていたのでしょう。

　このような江戸時代の早い時期に，一定数の女性が高い能力水準を示す花押を使用していることは，特に注目に値します。図9と図10はいずれも母親による花押の使用例です。図10では，世帯主とその母親の両方が上の列で花押を使っています。下の列では3名の若い女性使用人が筆軸印を押しています。

　店子<ruby>店子<rt>たなこ</rt></ruby>[5]の世帯は，家持ちの世帯と対照的に規模が小さくて使用人も少なく女性の使用人が1名か2名で，男性の使用人の数よりも多い。世帯主は花押を書く者と印鑑を使う者でほぼ半分ずつに分かれます。これは家持ち層の花押使用率よりも3割ほど低いのですが，かなりの割合でもあります。家持ち層の妻と同様，店子の妻もほとんど印鑑を使用していて，16名中14名（87％）にのぼります。

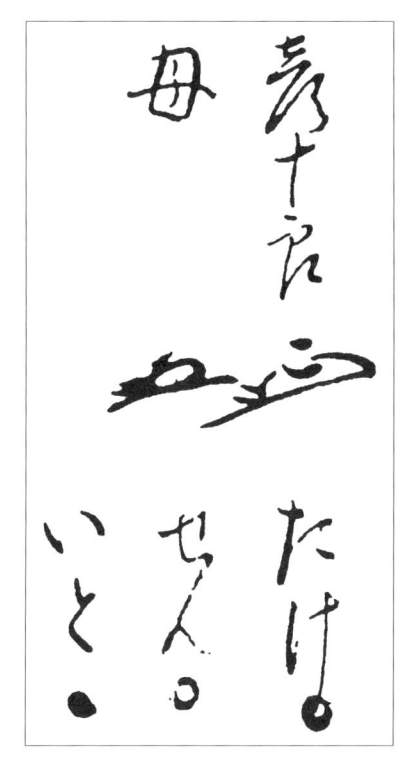

図10 南蛮起請文の花押と筆軸印（1635年）

店子の息子は花押使用率が低く（33％），印鑑使用率が高い（58％）。驚くこと
に店子の娘たちは家持ち層の娘たちよりも印鑑使用率が高く（82％），筆軸印
使用率が低い（18％）。先に筆軸印は，字の書けない人たちに使われたと前提し
ましたが，そうすると，どうして店子の娘たちのほうが家持ち層の娘たちより
も筆軸印を使わないのか，説明は難しくなります。家持ち層の娘たちは全体的
に店子の娘たちよりも幼かったのではないだろうかと思われますが，資料から

※5　町場に家を持っている者を家持ち，借家人を店子といいました。

は年齢が分かりません。

　家持ち層の使用人と店子の使用人の花押使用率はほぼ同じです。店子の男性使用人の花押使用率は38％となっていて，家持ち層の男性使用人の43％と近く，彼らの能力と仕事の性質が，この二つの集団では類似していることを示しています。これと対照的に女性の使用人は，店子の場合に筆軸印使用率が79％で，家持ち層の場合に62％です。これは学習の水準や読み書きの水準が，店子のほうであまり高いものを求められなかったことを示しています。また，店子の女性やその使用人の女性で，花押を書いている者はありませんでした。

　この資料から，近世日本の早い時期に，都市の商家では，驚くべき高水準の読み書き能力を持っていたことが分かります。世帯主，その父親，その息子，その使用人は，花押を使うことで，1635年頃には高い読み書き能力を示していました。また，女性も花押を使用する事例があるということは，都市の商家では，読み書き能力の拡大現象が存在したことをうかがわせます。

　しかし，全体として字が書けないのは男性よりも女性に多いですね。このことは年若い女性に特に当てはまります。店子は家持ち層よりも読み書き能力の水準は高くはありませんでしたが，顕著に低いというわけでもありませんでした。また商業地域の店子は，勘定と帳簿つけを担当しており，家持ち層と実質的な違いがあるわけでもなく，読み書きできるようにならなくてはならないという点で同等であるとすることもできるでしょう。都市部では家持ちと店子で身分が違ってはいるけれども，読み書き能力についていえば（知識，能力，他の面での技能なども），かなり似通っていたようです。

　統計的な記録ではありませんが，京都ではこれより100年後の1734年，「惣て御触書之儀は，京都諸人之存じ弁へ候様ニとの御仕置候処，町々年寄五人組

之者，念入に末々迄能く触知らさざる儀，甚不届」であり「惣て御触書出申候ハバ，早速裏々迄も残らず相廻し，御触書之趣呑み込まざる女童等えは，口上にてとくと申聞かせ呑込候様致すべく候」という町触が出されています。町触を回覧するということは，たいていの男性は文字が読めたことを示しているようです。また，女性はそこまでの識字能力を持たなかったことも示しています。

ハンコにのっとられた：地方都市　長崎平戸町の人別帳

　次に地方都市を見ましょう。長崎平戸町は17世紀初期には商業地域でした。今日では長崎市万才町の一部で，繁華街の江戸町に接していました。

　長崎平戸町人別帳は，1634年から1866年までの数年分の人口記録です。京都六角町の資料とよく似ていて，記入は世帯ごとに行われ，家持ちと店子は別になっています。家族の者と使用人も区別され，一人の手で文章と名前が書かれ，その証明として個別に符牒が記されています。

　この資料も自分が仏教徒であること，あるいはキリシタンだったが仏教に改宗したことを確認して署名するよう求めているものですが，1634年の資料を除き，総ての住人の年齢が記されています。1642年の資料には，住人たちの出生地などの出自に関しての記述もあります。1659年の資料には，どの寺に何人の住人が属しているのか概略が記されていて，寺の確認印も押されています。

　最初に1634年の資料から見ると，26名の世帯主が並んでおり，21名（81％）が花押を使っています。これは極めて高い比率で，京都でもこれほどではありませんでした。店子の世帯主はこの半分の比率で花押を書いています。26名のうち10名，38％です。

　世帯主の花押の使用状況は大まかに見て京都のものと同等ですが，全く対照

的な面もあります。町名主<ruby>町名主<rt>まちなぬし</rt></ruby>[6]<ruby>石本新兵衛<rt>いしもとしんべえ</rt></ruby>とその息子<ruby>庄左衛門<rt>しょうざえもん</rt></ruby>は花押を書いていますが, 妻と3名の男性使用人, 4名の女性使用人は拇印を押すか, 簡単な丸印を書いているだけなのです。女性が印鑑を使っていた京都の資料とは違い, 15名のうち印鑑を使っている者は一人もいません。13名が黒丸か, 不完全な丸印のいずれかを書いていて, 2名が拇印を押しています。この1634年の資料には, 26名の店子の世帯も含め, 花押と印鑑の両方を使っている家持ちの世帯主2名を除いて, 印鑑を使っていないのです。

1659年までに花押の使用は激減しますが, それは読み書き能力の減退ではなく, 印鑑が一般に使用されるようになったためです。家持ちの花押使用率は, 1634年の81％から, 17世紀半ばには44％に落ち, 26名中わずか2名だった印鑑使用は半分を超えました。同様に店子の世帯主の花押使用率は38％から16％に落ち, 印鑑使用率は31％から75％になりました。1702年までに, 文書に挙げられている住人総て, 家持ちも店子も同じく印鑑を使用するようになり, 花押を書くことはなくなってしまいました。18世紀の半ばまでには, この地方の町場の成人女性は総て印判を押すようになりました。

花押の使用は息子たちにも少し広がりました。1634年の資料では, 全部で17名の息子のうち, 6名（35％）が花押を書き, 残りは丸印とか拇印などです。店子の4名の息子は全員丸印か拇印です。全部で49名の使用人のうち花押を書いたのは5名（約10％）です。男性使用人の5割が拇印を押しています。

平戸町の1634年の資料から分かることは, 地方の町では読み書き能力は, 大都市よりも少数の人々に限られていたということです。男性世帯主とその息子は, 大都市の同身分の者と本質的には同じ水準なのに, 成人女性および使用人は男女を問わず, 皆大都市の同身分の者より<ruby>遙か<rt>はる</rt></ruby>に劣っています。平戸町の女

性たちは年齢を問わず，字が書けないことを示す符牒を記入していました。1659年まで例外なく彼女たちは筆軸印，拇印，丸印，黒丸を記しています。この町では幼い子ども（2歳），下人，高齢の老人（母親，94歳）が，一様にこの同じ符牒を書いていて，こうした符牒と字を書けないことが強く関係していることを示しています。女性たちは年齢と身分を問わず，また世帯主とその息子を除く男性のほとんどは字が書けませんでした。

　読み書きできることを示すものは，男性の世帯主のほぼ全員と，年齢が上の息子数名，年かさの男性使用人のごくわずかに限られています。花押や略押などの符牒を使った住人は，町の330名のうちの15％に過ぎません。残りの85％は字がほとんど，あるいは全く書けず，筆軸印を使ったり拇印を押したりしていることがそれを示しています。

　1659年の資料では，息子たちの花押から，花押を書き始める年齢が，14歳か15歳であることが分かります。花押を使い始めるのは，世帯主の仕事の一部を引き受けるようになり，現実的で実用的な読み書き能力が必要になる時期，一人前になる元服の時期と一致しているようです。

　長崎平戸町の人口資料における花押の使用について以上の検討をまとめてみると，家持ち層の男性が高い署名能力を示し，また店子層と男性使用人はずっと限られた能力しか持っていませんでした。家持ち層については，その水準は京都の同時期のものとほぼ等しいのですが，しかし平戸町では，読み書き能力はこの層に限られていて，他の層にはほとんど見られないのです。平戸町の息子たちや使用人はほとんど花押を書かず，店子の息子たちは全く書きませんで

※6　町を支配する役人のことで，農村の庄屋に相当します。

した。女性たちに関しては全体として字を書くことができなかったようです。これは大都市京都に見た様々な能力の様相と対照的です。

都市の近くなのに：都市近郊農村　友岡村の南蛮起請文

　次に，江戸時代初期の農村はどうでしょう。1635年の南蛮起請文が京都近郊の友岡村（ともおか）というところにあります。ここは現在長岡京（ながおかきょう）市の一部になって，京都駅から列車ですぐのところですが，江戸時代には大坂と京都を結ぶ街道からやや外れた農村で，街道沿いに茶屋を営む者もいました。この資料では，友岡村の71名の住民が一覧になっています。

　文書は図11に示す通りです。全体で23世帯あり，僧侶1名を含んでいますが，彼はただ一人だけ自ら名前を書いています。残りは総て同じ人物が名前を書いています。世帯主と使用人は名前の下に符牒を書き込んでいて，女性と子どもは書いていません。子どもの数は極めて少なく（19名），幼い子どもは省かれた可能性もあります。名前は三つのグループに分けられます。一般の農民，茶屋の住人（比較的新しくやって来た者のため，文書の中では右上方に離れて書かれています），「隠居」（ここでは外れ者，左上方）の三つです。

　23世帯のうち，15世帯は一般の農民が世帯主で，50名の住人が挙げられています。4世帯，13名が茶屋の者たちです。そして世帯主になれない寡婦（未婚の子どもがいました）4世帯，8名が「隠居」として区分されています。僧侶もここに含まれています。

　庄屋と茶屋から来ている2名の世帯主が印鑑を使っています。庄屋九左衛門（きゅうざえもん）は楕円（だえん）形で図案があり文字や名前がない，江戸時代初期の一般民衆に特徴的な印鑑（A）を使用しています。九左衛門の家は村で一番大きな世帯でした。九左

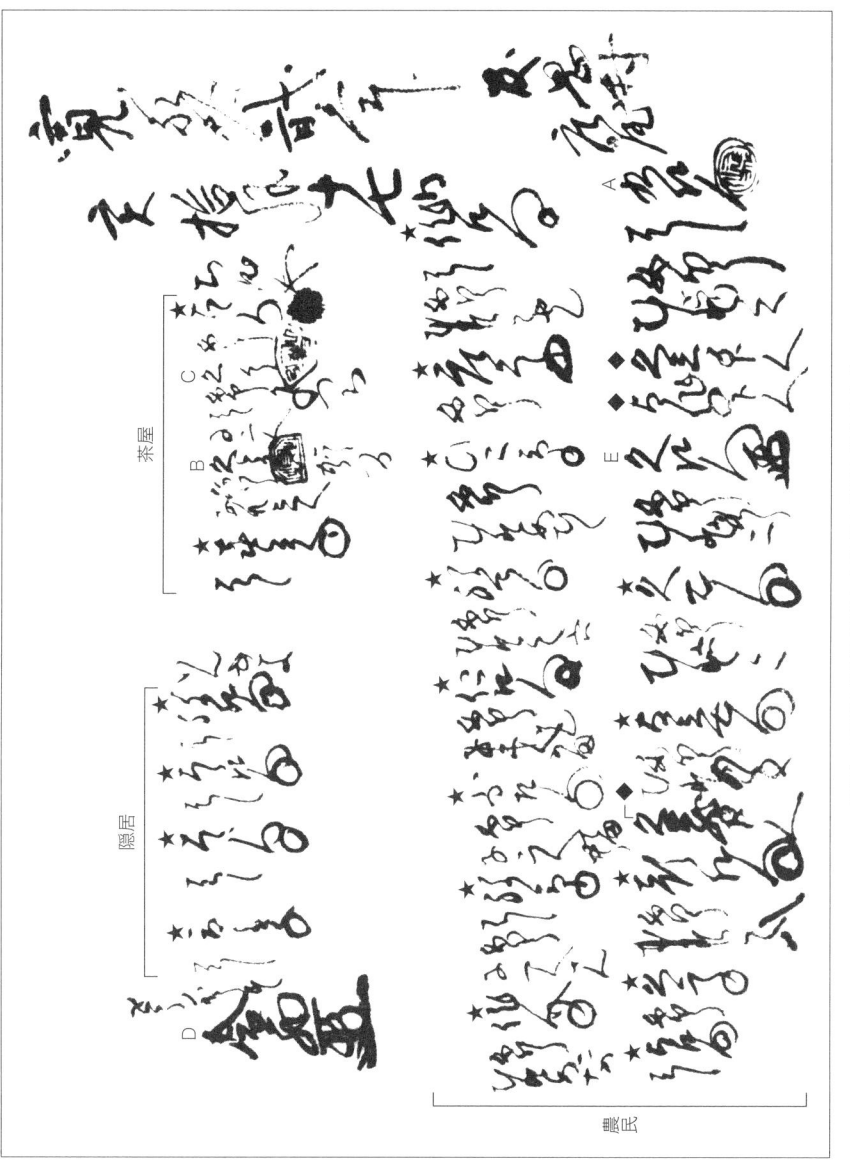

図11 友岡村南蛮起請文の花押と略押（1635年）

衛門, 妻, 母, トリという名の息子, 2名の下人, 久兵衛と与作です。2名の茶屋商人の世帯主もこの時期に一般的な印鑑を使っています。一つは六角形の不規則な形の印鑑（B）で, もう一つは扇形の印鑑（C）です。この村の庄屋と2名の茶屋商人が印判を押していることと, 彼らの読み書き能力について直接には何の関連も見出せませんが, 職や商業活動への関わりの深さから見て, かなりの能力があったことは想像がつきます。

友岡村で花押を書いているのは, 一人は僧侶で名前を念西といい（D）, もう一人は久左衛門という世帯主です（E）。僧侶は江戸時代初期には村の知識人で, 学習経験を示す, 太く力強い花押を書いています。久左衛門は, 庄屋九左衛門世帯のすぐ隣に名前があり, またその名前も似ていることから, 九左衛門の年長の息子である確度が高いですね。久左衛門の花押は村の中での地位と, 比較的高い水準の読み書き能力とを示しています。

その他の世帯主のうち19名（★）は筆で丸を書いています。このうち5〜6名は筆軸印と区別が難しいほど簡単なものです。3名の下人もその世帯主と同じ, 簡単な丸印を名前の下に書いています（◆）。女性と子どもは全く符牒がありません。成人女性は, 文書には名前がなく, 妻とか母とかの続柄が書かれていました。先に見た資料と同じです。子どもは息子とか娘といった続柄があり, その横や下に, 目立たぬよう小さく名前が書かれています。

花押は用いられていましたが, 僧侶のものと庄屋の年長の息子のものの二つだけです。彼らが高い読み書き能力を持つことは確実で, 村の中では抜きん出た地位にありました。商業地区の者や庄屋は印鑑を使っています。世帯主の一般農民の圧倒的多数と使用人たちは, 簡単な丸印を書いていただけでした。

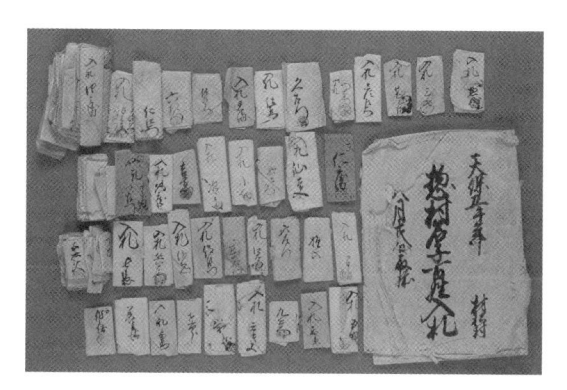

図12　入れ札

入れ札で意思を示す

　江戸時代の農村では，入れ札と呼ばれた投票がたびたび行われていました。これは大きくは二つの目的で行われています。一つは盗人や悪人を特定すること，もう一つは村役人を選ぶことです。村落には指導者を選ぶ様々な仕組みがありました。名家の持ち回りというところもあり，世襲（せしゅう）のところもありましたが，かなり早くから選挙で選ぶ村もありました。「投票者」は小さな紙片に人の名前を書きます。投票用紙は各人が書いているので，村全体で選んでいる場合には読み書き能力の問題に接近するのにかなり役に立ちます。ただし，残念なことに江戸時代の投票記録が完全に揃（そろ）っているものはごく稀（まれ）なのです。

　その中から村役人選挙の資料を紹介しましょう。

　それは駿河国（するが）の御宿村（みしゅく）（現静岡県裾野市（すその））の，1856年と1857年の名主および百姓代の選挙の資料です。御宿村は63世帯，普通程度の大きさの村で，富士山の麓（ふもと），東海道三島宿（みしましゅく）の近くに位置していました。

　1856年2月6日に行われた御宿村名主選挙の投票用紙は小さな紙の袋に候補者の名前順に並べて入っていました。当選者は51票中の34票を獲得した甚平（じんべい）と

いう農民です。投票用紙に書かれたその甚平という綴りには様々なものがあり、その支持者たちの読み書き能力の質も様々であったことをうかがわせます。並べてみると次の通りです。

相役名主甚平様

名主甚平様

名主甚兵衛様

甚平

なのし甚兵衛様

なし甚へい衛

なぬし甚ん兵衛

名主し甚兵衛

名ぬししん兵衛

村の選挙で投票したのは本百姓で、彼らの自筆です。漢字よりも仮名を多く使って甚平に入れた7票は読み書き能力が低いことを示していますが、34票の総てが漢字を含んでいました。他方、名主にしても甚平にしても、綴りの間違いが多かれ少なかれ見られます。名主については「なのし」あるいは「なし」といった間違いがあります。綴りの正誤と筆遣いの巧拙は、漢字に接する機会が多く、筆で字を書くことが多い者から、ほとんど仮名に頼っている者まで、能力の広がりがあることを意味しています。

仮名さえ使えれば、自分たちの意思を表明して決定に参加することができたのですね。甚平に投票しなかった投票用紙には3票の白票や判読不能な文字がありました。文字が書けなかったものと推察されます。

63世帯あるうちの投票数が51票ということは、1856年の名主選挙の投票率

は81％だったことになりますが，投票しなかった者と判読不能な投票を行った者を合わせて考えると，識字率はやや下がり76％ということになります。しかし投票しなかったのは，字が書けなかったからだと即断することはできません。たとえば投票のときにたまたまその村にいなかったのかもしれません。

　それにしても，江戸時代末，東海道の宿場町近くの村では，本百姓の識字能力は高いですね。また，村人の間には大きな読み書き能力の格差があり，本百姓の間にもそれがあるということも分かりました。

手習塾に通えば読める？

　以上，宗門人別帳などの署名・花押資料，入れ札資料から推定される識字能力について見てきましたが，これ以外に識字能力の程度を知る資料はないでしょうか。

　先に江戸時代には現代のような学校はなかったけれども，手習塾という学びの場があったことを記しました。そしてこれを全国調査した結果が残っていることも記しました。それを集計して，手習塾への就学数から，民衆の識字能力を炙り出すことはできないでしょうか。実はそうした研究が1920年代から行われてきました。

　しかしその研究には致命的な欠陥がありました。手習塾は頻繁に作られますが，同様に頻繁に廃業します。数年続くものもあれば，数週間のものもありました。そのため全体の数字だけでは，長期的に手習塾を利用できたのかどうかは分かりません。手習塾やそこに通う子どもたちの数は分かっても，そこでの学びの質がどのようであったのか，そこで獲得したものはどういう水準のものであったのか，という問いにも答えられません。通う頻度もまちまちでした。つま

り就学していた人の数は実際に読み書き能力を身に付けた人の数の正確な指標とはならないのです。

　そのことを前提として，これまでに明らかにされている手習塾の就学の割合などを見ておきましょう。

大工も油売りも：18世紀の手習塾

　1737年，越後国村上（現新潟県村上市）の磯部順軒（1714？〜1790）は享保時代（1716〜1736）に開設された父親の手習塾を引き継ぎ，就学の記録を残しています。筆子の記録は1738年から1790年までの間に1181名あり，年間平均で23名。この記録を，村上の安良町と小町の本百姓の職業を示す住居地図と照らし合わせると，職業による就学の傾向を知ることができます。それによると1760年には安良町の45％，小町の64％が子どもを手習塾に通わせていることが分かります。そこには畳職人や大工，紺屋，油売り，呉服屋，宿屋，売り酒屋，桶屋，道具屋，紙漉，蝋燭屋，薬屋，菓子屋などが含まれていました。

　中でも日雇い労働者の子どもたちの就学率が一番低くなっていました。安良町には日雇い労働者の世帯が20軒ありましたが，手習塾に通った子どもは4人だけ，小町では3軒の日雇い労働者のうち，1世帯だけでした。しかし18世紀の中頃に，都市の一番低い身分の23世帯のうち，5世帯（22％）が子どもを手習塾に通わせていたことは驚きでもあります。

　1772年から1822年頃までの間，伊勢国飯高郡塚本村（現三重県松阪市）で開かれていた寿硯堂の「門弟衆名前帳」には，25％（643名中160名）の子どもが手習塾を終えて都市や町で雇われたことが記されています。この手習塾の子どもたちは比較的女性が多く（165名，26％），そのうち20名（12％）が仕事を

探して村を出ました。男性は478名中，140名（29%）が村を出ていきました。

　こうした子どもたちは伊勢近隣の地域で仕事を探しただけでなく，80名を超える子どもが江戸に行き，その他は大坂の三井で働き，残りは京都に出ました。この手習塾は，三井のような雇い主が新規雇用するためのネットワークのようなものを発達させていたということもできます。子どもたちの側から見ると，手習塾がつながりを持っている都市や町の店に雇われることを期待して，手習塾に通ったと考えてもよいでしょう。

何と9割も手習塾に：19世紀の手習塾

　19世紀の手習塾の就学率という点では，非常に高い数字も報告されています。近江国北庄村（現滋賀県東近江市）の手習塾の詳細な名寄帳[7]が1814年から1873年まで残っていて，住民全体の91.4%がそこに通っていました。事実上総ての農家から子どもたちが手習塾に通っていたのでした。

　しかしこの資料からは，手習塾に通うのは通例1～2年で，出席はまちまち，よくて農閑期に出席する程度であったことも分かります。春から秋へかけて，山野の仕事の最盛期には，子どもも直接・間接に家の仕事に加わらなければなりませんし，師匠も野良へ出るので自然と休みになるのでした。手習塾の開業期間は，子どもの生活に合わせて，秋から翌年の春にかけての間でした。

　以上の三つの手習塾の研究は，『日本教育史資料』からではなく，地元に残る文書（地方文書といいます）を用いたもので，より実態に即した手習塾就学の姿を示しています。

※7　ここでは子弟の名簿のことです。

4. 記録された証言を読もう

前章では統計的な数字を見てきましたが，この他にも民衆の識字の様態をうかがうことができる様々な記録を，著作物や日記などの中に探ることができます。ここではそうした資料から識字の状況を探っていきましょう。

挿絵つき栽培マニュアル：17世紀の農書

　一般に農書と呼ばれている書物があります。農書は農業生産を増やすために役立つ実用的な知識を提供する農民向けの本です。序文は漢文で書かれていることがありましたが，本文は仮名交じり文で書かれていました。宮崎安貞（1623〜1697）の『農業全書』や大蔵永常（1768〜？）の『広益国産考』が有名です。総ての漢字には振り仮名が振られ，仮名しか読めない人々にも意味が分かるようになっていました。また農書は挿絵が豊富でした。

　農書のうちで最初に書かれ，また一番人気のあったものは『農業全書』です。1697年に出版されました。

　『農業全書』は農学全般を扱っていますが，とりわけ穀物，野菜，果樹，その他の商品作物の栽培方法を詳しく扱っています。その文章のやさしさ，日本語の語彙や構文，振り仮名，ほとんど全頁に入っている豊富な挿絵を勘案すれば，社会的地位が低い一般の農民たちにも向けて書かれたことは間違いありません。草書で書かれた仮名を読める者であれば，誰でも農書を理解できたでしょう。

高〜い！　江戸時代の本

　16世紀後半に始まった日本の都市化は17世紀に爆発的に進み，18世紀初期に世界で最も都市化されました。18世紀半ばころには京都と大坂が40万人前後，名古屋や金沢が10万都市になり，人口の5〜7％がこれらの大都市に居住し

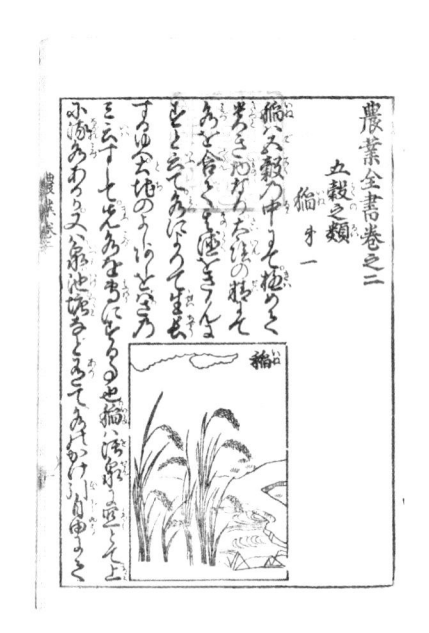

図13 『農業全書』

ました。当時ヨーロッパでは2%が都市に住んでいた程度です。江戸は1720年代に100万人を擁する世界最大の都市になりました。

　都市が発達するにつれて商人階層の力と影響力も増していきます。市場は物の交換や人々の相互のやり取りをするため，町では基礎的な読み書き計算が発達し得る状況が作り出されました。

　書籍販売業と貸本業は新しい市場を得ました。17世紀から19世紀にかけて出版件数が飛躍的に増大するとともに，大都市には本屋が増えて地方の町にも広がり，様々な本が出版されました。17世紀末頃（元禄時代）には1万を超える書籍が印刷され，全国の700を超える本屋で売り出されるか，貸し出されました。

　出版されていたのは仏教や儒教の一連の書籍から，小説，絵画集，詩集，躾の手引き書，辞書，百科事典，本草学や立居振る舞いの本，旅日記，様々な好色物

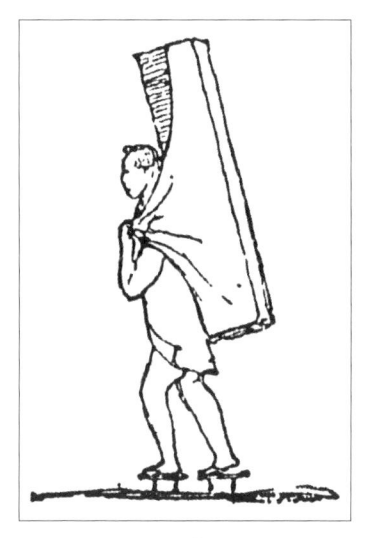

図14　本の行商のスケッチ

まで，多種多様でした。

　京都では，元禄時代に100軒を超える本屋があり，1814年には倍の217軒に増えていて，おおよそ40万人の読者を持っていたともいわれています。ただし書籍は極めて高価でした。小説は1カ月分の食費に相当し，安いものでも1週間分の食費とほぼ同じでした。そのため武士の上層部や豊かな商人以外には手が届かず，代わりに貸本が栄えました。貸本は本の価格の1割の値段で，5日間貸し出されました。

　のち，本屋は江戸には1808年に656軒，1830年までには800軒になりました。幕末にエドワード・モース[1]（1838〜1925）はその姿をスケッチして残しています（図14）。

※1　アメリカの動物学者。標本採集に来日，東京大学に勤務しました。大森貝塚を発掘したことで有名です。

18世紀，お金持ちの日記をのぞいてみよう

　18世紀になると村役人層は本格的に学問に取り組み始めました。儒教や仏教，詩や医学に関する書籍が農村へ入っていきました。彼らは都市の本屋や貸本屋と交渉し，18世紀初期には農村でも本を貸し借りするようになりました。

　大坂郊外の志紀郡柏原村（現大阪府柏原市）三田家には239種，1054冊もの蔵書があります。北河内郡日下村（現大阪府東大阪市）の村役人であった森家は121種，394冊の本を享保時代初期に蓄えていました。石川郡富田林村（現大阪府富田林市）の庄屋杉山家では72種，414冊の本を18世紀中頃には手に入れています。摂津国川辺郡伊丹（現大阪府伊丹市）の造り酒屋八尾家は1730年代には，169種，939冊の本を持っていました。

　このうち八尾八左衛門の日記は1730年から34年まで書かれています。八左衛門は在郷町[※2]の庄屋の息子でした。日記には1730年から翌年にかけて，八尾家によく本の行商がやって来たとあります。

　八左衛門は書物の貸し手であると同時に借り手でもありました。たくさんの本を集めていた村役人層は，村人に本をよく貸し出してもいました。大坂の本屋とだけでなく，村人とも本の売買や貸し借りをしていたのです。それによって本を購入する人たち以上に，本を読む人たちのネットワークはかなり広いものとなりました。

　こうした日記が示しているように，小さな町や農村の文化活動は書籍の流通だけに限られません。漢詩の会や将棋，浄瑠璃の集まりなど，様々な活動に触れています。町や村の指導層の間では学問愛好者の集まりがあり，そこでは参加者が本を予習することになっていました。八左衛門は万徳寺[※3]で行われた儒教

の基本的テキスト『大学』の講談に参加したと書いています。また，八尾家で4夜連続して開いた『大学』の講談には17〜18人の医者が真剣に参加したことが書かれています。

　全人口の8割前後を占める農民の子は農民になるのが封建時代の掟でしたが，医者と僧侶になることはできたのです。村に住む医者の数は18世紀以前から増加し，医者の数は現在より19世紀中頃の方が多かったともいわれています。僧侶も医者も漢文の本が読めなくてはなりませんでした。町や村には医者として知られていなくても，医学書を所有し，薬剤や薬草の実験をするような有力者が数多く存在していました。

　この時期の読み書き能力の向上については，京都や大坂などの大都市近郊の村落や町の指導層の間で起こった現象で，量的に進んだというよりも，明らかに質的に豊かになったのでした。

　村役人層は，その役割として割り当てられた仕事を超えて，思想や知識の領域に踏み込んでいきました。他方で，彼らは都市の知識人や武士支配層に近づいた分だけ，一般の農民とは乖離（かいり）していったのでした。

吉宗が教育に口を出す

　8代将軍吉宗（よしむね）（1684〜1751）は鷹狩り（たかがり）で遠出したとき，手習い師匠をしていた江戸近郊の村医・吉田順庵（よしだじゅんあん）に偶然に出会い，順庵が法令を手習い手本として使っていることを知って大いに喜び，褒美（ほうび）を取らせたと伝えられています。

※2　都市近郊農村に発達した町場のこと。

※3　この寺では浄瑠璃も上演されていました。

また吉宗は，荻生徂徠（1666〜1728）と室鳩巣[4]（1658〜1734）に，中国明朝の著述『六諭衍義』[5]を翻訳させました。琉球を経由して入ってきたこの本を，手習塾で道徳の手本に使わせようと考えたのでした。それが『六諭衍義大意』です。江戸町奉行大岡忠相[6]（1677〜1751）に，奉行所に手習師匠を集め，手習塾でそれを使うよう写本を渡せと命じました。

　これが一般民衆の教育に関して，権力者の側が関心を示した早い例です。同時に「猥らなる儀，異説を取り交へ作り出し候」本や「好色本の類は，風俗の為にもよろしからざる」ため，このとき同時に禁じられました。

　しかし18世紀を通じて，民衆の文化と読み書き能力に関して果たした封建権力の役割を過大視してはなりません。吉宗以後には，それ以上の民衆教育に関する策もなく，1843年の水野忠邦（1794〜1851）による天保の改革まで，民衆教育の道徳的価値が顧みられることはなかったのです[7]。

19世紀，農民も学んだのです

　農村でも19世紀になると急速に学びや文化にその価値を認めるようになっていきました。国学者宮負定雄（1797〜1858）の教育に対する考え方はこうした流れをよく表しています。宮負は下総国松沢村（現千葉県旭市）の庄屋の息子で，1826年に平田篤胤（1776〜1843）の弟子になりました[8]。

　彼の著書『民家要術』（1831年）上巻には，学ぶことと商業上の成功との間の強い関係について述べた部分があります。「諸芸は身の宝，これを習うは生涯飯を食う種なれば，すなわち命の親なり。親父に金銀を譲られてもみだりにつかえば一日にも尽き，身に覚えたる芸能は生涯尽る事なし。金銀を譲るより吾が子の身に芸能をつけて渡すが親の巧なり」と宮負は主張しています。続いて

子どもは小さい頃から，いろはの順に仮名を始めて，自分の名前，村の名前，国にある地名を覚えるのがよい，としますが，農民や商人は漢文で書かれた高度なものにまで進む必要はないと言っています。

二宮尊徳[9]（1781〜1856）は自助の精神と生き方に関する考え方を発展させ，一般の農民に基礎的な読み書き能力を広げる役割を果たしました。彼は，小さなことからコツコツと実践することを勧め，村落上層部に頼るべきではないと考えていました。「書物を読んと思はば，いろはより習ひ初むべし，家を興さんと思はば，小より積み初むべし，この外に術はあらざるなり」。

　この言葉を実行する一つの方法として田舎の手習塾への支援が行われました。湯山権左衛門（生没年不祥）は駿河国竹之下村（現静岡県小山町）出身，尊徳に影響を受けて，村を復興して豊かにするためには，農民たちが自立する精神を身に付け，禁欲に耐え，自制心を示さねばならないと考えました。権左衛

※4　ともに儒者。荻生徂徠は儒教テキストが古代中国語で書かれていることに注目し，その当時の文字の意味を明らかにすることを重視して（古文辞学派），従来の儒教理解を大きく転回させました。本書27ページ参照。室鳩巣は朱子学者，幕府の儒官。

※5　中国，明末の范鋐が平易な口語で，目上の者を敬えなど六つの道徳を解説した書。

※6　江戸中期の幕臣で吉宗に抜擢されて江戸町奉行となり，越前守と称しました。講談や演劇，テレビ番組などで脚色されて有名ですが，それらのほとんどは史実ではありません。

※7　吉宗の時代の少し前，一般民衆が学ぶ施設を最初に公的に援助したのは岡山藩でした（池田光政藩主時代）。本書25ページ参照。村役人の子弟や上層農民が基礎的なことを学べるようにするためでした。

※8　国学とは古事記などの古典を通して，日本固有の精神などを見出そうとする学問。平田篤胤は秋田出身，尊王復古を主張する古道学を説きました。著書に『古史徴』『霊能真柱』など。

※9　農政家。通称は金次郎。小田原出身。合理的な農業経営で小田原藩などの復興をはかりました。彼の思想は報徳社運動などの形で影響が大きく，明治以降，国定教科書や唱歌，小学校の石像などにも登場しました。

門は，豊かな農民の子弟に基礎的な読み書きを教えることで，農村が将来繁栄するための種を蒔こうと計画し，そのために自分の村に手習塾を設けることにしたのでした。

19世紀前半には手習塾への関心が高まってきました。信濃国小野村（現長野県辰野町）の小沢家は，18世紀半ばから19世紀後半までの3世代にわたる庄屋でしたが，小沢家には手習師匠の日記が残っています。

小沢家は太閤検地のときに武士の身分を捨てて帰農します。18世紀の中頃から小沢家は教育に熱を入れ始めました。子どもを京都へ和歌を学ぶため遊学させ，医学を学ぶために名古屋に送るようになります。

19世紀の中頃には，文化と美の追求は村役人層にとって職業上欠くことができないものになっていました。つまり文化は村で村役人の地位を維持する手段となったのでした。そして民衆が基礎的な読み書き能力を求めた結果，手習塾師匠であることは村落指導の地位を支える手段の一部ともなってきたのです。

小沢家の男性たちは数世代かかって常職の手習塾師匠として認められるようになっていきます。小沢芝産（1736〜1791）は1750年には師匠になりましたが，恐らく常職ではありませんでした。当時はまだそれほど手習塾の需要がありませんでした。その息子の亀春（1762〜1834）は19世紀の初めにいくつかの村から師匠として請われるようになりました。その頃には一般の民衆を教える手習塾が増え始めます。亀春の子弟は40名ほどでしたが，その子どもたちは少なくとも6カ村からやって来ていました。つまり一つの村からはほんの一握りの子どもたちしか来ていなかったのです。

19世紀中頃，小沢芝産の孫，和徳（1796〜1869）の時代までには状況が変わりました。村の師匠としての職と暮らし向きは断然よいものになっていきま

す。1830年代から新しい手習塾が飛躍的に増加していくのです。手習塾へ通う者が，村役人層の子弟の範囲を超えて，村落の中層や下層の人々の子弟までにも広がったと考えられます。

　幕末には新しい考え方に基づく手習塾も誕生しました。養蚕の進んだ上野国原之郷村（現群馬県前橋市）の船津伝次平（1832〜1898）の手習塾もその一つです。伝次平は村にいる農民の様々な優れた能力を伸ばしていこうとしました。人それぞれに違った能力を伸ばすための方法や，個々人の要求に注意を払うように求めるのは，江戸時代までにはなかった考え方でした。伝次平は次のように言います。「子弟教育は耕作を為すがごとく，大根を太らすに米糠を用い，漬菜を繁茂さするにはフスマを用い，桑苗を殖すには簾伏を用い，おのおのその所の入用にしたがい，その種にしたがい，まく時節を失うべからず，子弟教育も又かくのごとし」。

　手習塾師匠として伝次平は，単に手近な情報や古くからの伝承を伝えるだけでは飽き足らず，新しい情報やそれを伝える方法を模索しました。彼は自分の経験を書き上げて，それを教えるときの手本にするとともに，大衆的な教育方法を開発しました。たとえば集まった農民たちに，蚕の飼育に関する知恵をチョボクレという大道芸人の歌謡にのせて広めたりしたのです。

　伝次平は後に駒場農学校（現在の東京大学農学部）の教官になって活躍します。

百姓など，学ばずともよいのじゃ

　一般の人々に流布していた教育的な考え方に対しても，地方の独特な教育のやり方に対しても，全体として封建権力は関心を持ちませんでした。農業経営

や，あるいは倫理的な訓戒を教え込むことに関連した基礎的なものである限り，学びは奨励されましたが，その度が過ぎるのは警告の対象となってもいました。「農人の子に生(う)れても，農業を賤(いや)しみ，学文して禄(ろく)を得んなどとおもい，書物読み習い，学者にともなうあり，もっとも誤りなるべし」（西川如見(にしかわじょけん)『百姓嚢(ひゃくしょうぶくろ)』）。

　多くの権力者たちは，広く本格的な読書は武士階級にのみふさわしいと考えていましたが，庄屋層だけは除外されていました。「もちろん村長里の類は民を治むる職なれば，書を読み義理を講究するもよろしく候」（安積艮斎(あさかごんさい)『艮斎補伝手簡精華(しゅかんせいか)』）。18世紀末に出された触書には，19世紀初頭の民衆の読み書きや学びに関して権力者たちがとっていた態度全般がうかがえます。「小百姓は十四五まで手習・算術稽古致させ，生長には農業出精・忠孝実儀専一(せんいつ)に致すべき事」。

　19世紀半ばまではずっと，民衆が学びを追求することについては放任されていて，これが18世紀を性格づけるものでもありました。

　封建権力の態度を変えたのは，天保時代（1830〜1844）の百姓一揆頻発という深刻な脅威の出現です。また1837年，大坂の大塩平八郎の乱(おおしおへいはちろう)[10]の影響は甚大(じんだい)でした。封建権力は武士の間に低俗な大衆文化が広がり，また一般にも反封建的感情が行き渡っていたためだと考えました。現体制の危機という文脈の中で，権力は大衆の感情を抑え，道徳心を植えつけるための仕組みとして，手習塾を意識し始めたのです。

女たちの学びはどう違う？

　天保期の御用機屋(こようはたや)，桐生(きりゅう)（現群馬県桐生市）の吉田清助(よしだせいすけ)（1794〜1857）の日記は，娘いと（1824〜？）の教育に焦点を当てています。彼の息子と娘の教

育は近隣の女性がやっていた手習塾で始まりました。その後子どもたちは江戸の国学者の塾に送られます。そこでは男児には漢文, 和歌, 国学を教える一方で, 女児には専ら行儀や立居振る舞いを教えていました。

　読み書き能力を獲得した女性たちは, 手紙をやり取りし, 和歌や俳句を書き, 基礎的な計算ができるようになりました。彼女たちは各地を旅行し, 都市の文化に触れ, その時代の文化や政治の指導的人物に引き合わされることもあったのです。

　いとと似たような生育過程を経た松尾多勢子（1811〜1894）は, 江戸時代末, 政治的に重要な役割を果たすことになりました。多勢子は多くの書物を持っていた信濃国山本村（現飯田市）の庄屋の娘で, 自宅で親戚の者から旧来の方法で読み書きを習っていました。そして1862年京都に旅行して和歌を学び, 過激な国学の平田派に共鳴します。ついにはその復古運動の中で「革命の土台をなす仲介者であり伝声管」となっていったのでした。

訴え出る飯盛女！

　最下層の女性の様子を示す資料も残っていました。

　上州木崎宿（現群馬県太田市）で飯盛女[11]として働いていた, はつ（生没年不祥）という名前の女性の口上書がそれです。はつは越後国蒲原郡西野新田村（現新潟県長岡市）の水呑百姓の娘でした。1840年に家を出て, 種吉という

※10　陽明学者で元大坂東町奉行所与力（現在の警察署長級）の大塩平八郎が, 天保の飢饉で苦しむ民衆の救済と腐敗した幕政の改革を訴え, 門弟の武士や農民ら約300人を率いて蜂起した事件。蜂起自体は半日で鎮圧されました。

※11　街道の宿場で旅行者の給仕や雑用などに当たるとともに売春を行っていた女性。

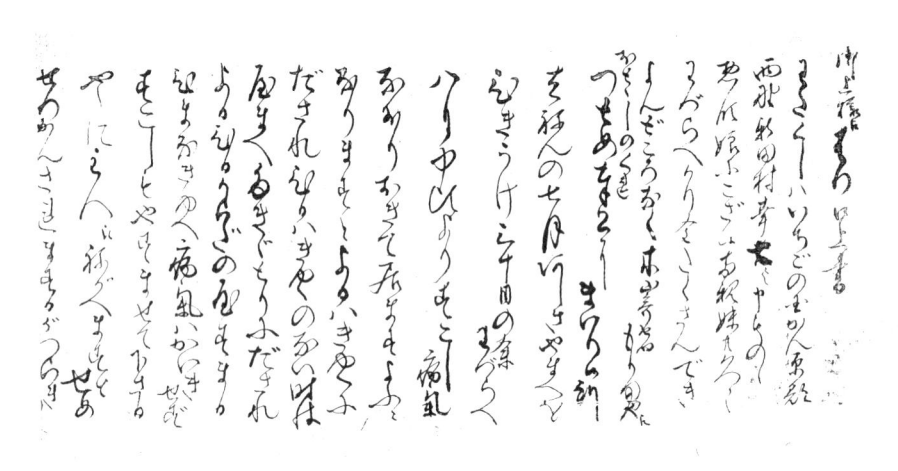

者が所有する木崎の宿屋で8年間働くことになりました。しかしその2年後に発病，働くのが耐えがたくなり，奉公の契約を解約し，家に帰れるように訴え出たのでした。

　はつは木崎宿では一日中働いていましたから，その読み書き能力は故郷で身に付けたものでしょう。はつの訴えが認められたのかどうかは分かっていませんが，身分の低い農民の女性が，事態を改善するために読み書き能力をどのように用いたかが，この手紙で分かります。おおよそ半分ほどを読んでみましょう。

【原文】御上様江はつ口上書

わたくしハいちごの国かん原郡西野新田村幸七与申ものゝ惣領娘にござ候

両親妹共久々わづらへ　かり金たくさんでき　よんどころなく木崎宿もり

口や江おとゝしのくれつとめ奉公にまいり候所　去ねんの七月あさやまへ

をひきうけ　三十日の余わずらへ　八月中頃よりすこし病気なおり　おき

て居ますよふニなりますと　よるハきやくにだされ　ひるはきやくのない
時はやまへたきゞとりにだされ　よるひるからだのやすまるひまなきゆへ
病気はかいきせず　すこしもやすませて下さるやうに主人江ねがへますと
せめせつかんされまするがつらきゆへ　こらへこらへてつとめいたし候所
またまた十一月中頃より病気おもり　しわすにいりてもなおらず……漸三
月すへになほり候まゝ四月へいりて主人方へ立帰り候所　以の外いきどほ
りにて　おのれ病中にても内にいれバあげ女郎にだしてもちうやには金壱
分ツゝにもなるのにわがまゝに外へ行てりやうじいたせしハふとゞきしご
くなりと　まい日まい日せめせつかんいたされ　誠になんぎしごくいたし
まする　とうぞやとうぞやおじひに林平よりのかしきんにて主人方にてひ
まをくれおやもとへかへしくれ候やう　主人へ御利かへ仰付られ下され候
やうおねがへ申あけます……国のおやぢハわたしをうるほどのこんきうゆ
へ　とてもごとうちへいで候てねがへをあけます事は　なんぼくろふにい
たしてもぞうやうもできませぬゆへ　とてもわたしをすくふ事ハできませ
ぬ　右のかきつけを　おんかみ様へあけるには　主人とおなし宿にて右や
うありていに申あけ候ては　宿へかへりてとのやうにせめらるゝともはか
りがたくござ候　御屋しき様へ御引取下され候共　龍舞村弥五兵衛をさし
そへに御めし出し下され外宿へ御さげ下され候とも　両やうのうちねかへ
候てから右のねかへをあげ申べく候

【校訂文】御上様へはつ口上書（＿＿＿部は原文では仮名）
わたくしは<u>越後</u>の国蒲原郡西野新田村幸七と申す<u>者</u>の惣 領 娘に御座 候
両親妹共久々<u>患い</u>　<u>借り</u>金たくさんでき　よんどころなく木崎宿森□屋へ

おととしの暮れ勤め奉公に参り候所　去年の7月朝病を引き受け　30日（の）余患い　8月中頃より少し病気治り　起きて居ますようになりますと夜は客に出され　昼は客のない時は山へ薪取りに出され　夜昼体の休まる暇なきゆえ病気は快気せず　少しも休ませて下さるように主人へ願いますと　責め折檻されまするが辛きゆえ　堪え堪えて勤め致し候所　またまた11月中頃より病気重り　師走に入りても治らず……漸く3月末に治り候まま4月へ入りて主人方へ立ち帰り候所　以ての外憤りにて　おのれ病中にても内に居れば上げ女郎に出しても昼夜には金一分づつにもなるのに我儘に外へ行て療治致せしは不届き至極なりと　毎日毎日責め折檻致され誠に難儀至極致しまする　どうぞやどうぞやお慈悲に林平よりの貸し金にて主人方にて暇をくれ親元へ返しくれ候よう　主人へご理解仰せ付けられ下され候ようお願い申し上げます……国の親父は私を売るほどの困窮ゆえとても御当地へ出で候て願いを上げます事は　なんぼ苦労に致しても雑用もできませぬゆえ　とてもわたしを救う事はできませぬ　右の書き付けを御上様へ上げるには　主人と同じ宿にて右様有り体に申し上げ候ては　宿へ帰りてどのように責めらるるとも計りがたく御座候　御屋敷様へ御引取り下され候共　龍舞村弥五兵衛を差し添えに御召し出し下され外宿へ御下げ下され候とも　両様のうち願い候てから右の願いを上げ申すべく候

　「いちご」は「えちご」（越後）とすべきところを，なまったまま書いています。「江」は「へ」と同じ役割をしていますが，これは間違いではありません。「与」は「と」で，これも間違いではありません。「わづらへ」は「わずらい」（患い），「やまへ」は「やまい」（病），「きやく」は客のこと，「かいき」は快気，「ねがへ」

は「願い」，「せめせつかん」は「責め折檻」。「ハ」や「ニ」などの助詞は，このように片仮名で書かれることがあり，間違いではありません。

　年・月・夜・昼・朝など，漢字を使っていないところも散見しますが，地名や個人名のほとんどは漢字で書かれています。

　口上書の内容は理解できたでしょうか。精一杯その能力を生かそうとしたはつのことをどう思いますか。その読み書き能力をどのように評価しますか。

どうにかして生活をよくしたい

　民衆の生活向上のための闘いと読み書き能力は密接な関係がありました。時代を遡って見ておきましょう。

　鎌倉時代の1275年に紀伊国阿弖河庄上村（現和歌山県有田川町）の農民たちが，地頭※12湯浅宗親（生没年不祥）の悪辣を綴った訴状があります。それは片仮名で訴え出た訴状で，百姓たちの指導者が書いたものです。全部で13箇条あるのですが，そのうちの第4条には次のように書かれています。

　　【原文】……ヲレラカコノムキマカヌモノナラハ，メコトモヲヲイコメ，ミヽヲキリ，ハナヲソキ，カミヲキリテアマニナシテ，ナワホタシヲウチテサエナマント候ウテ……

　　【漢字交じり文】……をれらがこの麦蒔かぬものならば，妻子どもを追い籠め，耳を切り，鼻を削ぎ，髪を切りて尼になして，縄絆を打ちて苛まんと候うて……

※12 中世の荘園で，租税徴収・軍役・守護に当たった管理者。農民に対する横暴がひどく「泣く子と地頭には勝てない」などの言葉が残っています。

【現代語訳】……おまえらがこの麦を蒔かないなら，妻子どもを牢に入れ，耳を切り，鼻を削ぎ，髪を切って尼のようにし，縄で縛って痛めつけるぞといって……

「ミミヲキリハナヲソギ」という部分が地頭の暴虐ぶりをよく表現しているものとして注目されてきましたが，当時はそうした肉刑が実際に行われており，それを背景とした農民への脅かしを表現しています。

　片仮名とごくわずかな漢字で書かれているのがまず目につきますね。実は片仮名はこの時期最初に習う文字で，続いて平仮名，漢字へと進みます。この文章が片仮名で書かれているということは，それ以上の教育を受けることができなかったことを意味しています。他方で，13世紀後半，農村の指導的立場の農民には，片仮名とごく少数の漢字を書けるだけの能力があったことを示しています。

　内容は地頭の言葉を活写したものです。この具体性のある農民たちの訴えは，その訴状全体の巧みな構成ともあいまって裁判で力を発揮しました。

　それからおおよそ150年後，もう一つ有名なものに奈良市にある正長の土一揆[※13]の碑文があります。室町時代の資料です。その碑文には「正長元年ヨリサキ者カンヘ四カンカウニヲヰメアルヘカラス」という27文字が刻まれているのですが，この地域（神戸四地域）に関して正長元（1428）年より前の負債（をいめ）をなくした，という徳政を勝ち取った記録です。これを石に刻んだのがどういう身分の人間なのかは分かりませんが，土一揆という闘いの成果を刻みつけて後世に残すというこの行為は，文字を民衆が獲得することの意味を考えさせます。

　鎌倉時代から江戸時代の初期までは，農民たちも悪逆な支配に対して実力で

図16　正長の土一揆の碑

対峙してきました。武士といっても江戸時代以前には平時は農民であることが多かったので，武力対峙は特別なことではなかったのかもしれません。また，民衆同士でも実力闘争が行われることがありました。

　これが先に見た太閤検地と刀狩によって武装解除させられます。武士と農民の身分が分けられたのでした。そして訴訟によって対立を解消する方式に転換したのです。

　しかしこのことは一方的に農民にのみ武力行使を禁じたのではありませんでした。同時に幕府は武士たちに対して「仁政」をしくよう求めたのです。戦国時代の終わりは，武士たちだけでなく，広く民衆にも平和が到来したことを意味しました。

※13　土一揆とは，室町時代中期以降，地侍を指導者とした農民連合による支配者層に対する闘いです。正長の土一揆は借金棒引きなどの徳政を要求，滋賀から近畿に広がる闘いになり，これ以降土一揆は本格化しました。

しかし仁政を行わない領主が出てきた場合，どうすればよいのでしょうか。江戸時代の初期までは実力で対峙する一揆が主流でしたが，18世紀に入る頃から農具で武装することなく，より上級の為政者（幕府など）に訴え出るという行為によって生活改善を目ざすようになります。訴え出るためには訴状が必要ですから，読み書き能力は民衆の闘いに必須のものとなったのです。今日では訴願行為も百姓一揆の中に含めますが，行動原理は異なっていたのです。

　17世紀の農民の闘いを記録したものが手習塾の教材にもなって伝播した例があります。『白岩目安』などと呼ばれるものが，山形，新潟，岩手，秋田，福島などの各県に見出されています。これは18世紀にはあまり見られなくなった実力を伴う農民の闘いの記録です。こうした記録を残し，一揆に関する文書を学ぶことで，農民たちは仁政を求める自らの行為の正統性を次世代にも継承したのでしょう。

やつらの文字を使うな：安藤昌益

　しかし為政者の「仁政」と武力を用いた一揆徒党の禁止という措置は，確かに平和をもたらしはしましたが，それは為政者の恩恵（仁政）に期待するものでしたから，為政者による支配の枠組みそのものの中に取り込まれることでもありました。

　それを丸ごと拒否した江戸時代の思想家に安藤昌益（1703〜1762）がいます。彼は飢饉や不作もあって年貢に苦しむ農民たちに寄り添った人でした。直接耕作に携わらない武士などの支配階級が，仁政などといいながら，その反面で農民たちを収奪していると考えたのでした。彼は全員が生産活動に参加すべきだという「直耕」を主張しました。その思想を記したのが『自然真営道』

などの著述ですが，そこでは文字の中に支配の臭いを鋭く嗅ぎつけています。彼は漢字の一般に通用している意味を用いることを拒絶し，彼独自の意味を新たに付与した漢字を用いてその思想を論じようとしました。支配者の文字を使って叙述することは，支配者の思想を土台にしていることにつながり，その支配に手を貸すものだと考えたのでした。

【原文】文字を作るすら自然を失（あやま）る始めなり。且つ書を綴り文法を賣（かざ）り訳講せざれば則ち其の理を知り得ざるように之（これ）を作るは，不耕にして転道（てんどう）を盗みその失（あやまり）を隠す証なり。（『統道真伝』巻一糺聖失巻）

一切の文字は己れが得手勝手に私作し書学と為し，之を以つて上に立ち下を教ゆると為して私法を立て不耕貪食（どんしょく）して直耕の転道を盗み，盗乱の根を植ゆるを転下（てんか）を治むると為す。是（こ）れより永永盗乱の世と成るなり。故に字書学問は転道を盗むの器具なり。……故に文字書学を用ゆる者は転真の大敵なり。此の故に予（こ）文字書学を採らざる所以（ゆえん）是れなり。（『自然真営道』大序）

【大意】文字を作ることは天地自然万物のあり方から外れてしまうもとになる。文字を書き，文法を理解し，解釈しなければその意味が分からないようにしているのは，自ら耕作せずに天地の恵みを盗んでおきながら，そのことの間違いを隠している証なのである。

一切の文字は自分勝手に作り，書学などとまつりあげて上から目線でそれを教えるなどといいながら，天地にそむいて自分勝手に耕作もせず，貪（むさぼ）り食って世の中を混乱させているのに，それを天下を治めるなどといっている。これだから世の中の乱れはおさまらないのだ。それゆえ，字を書き，文字をもって学ぶのは天下を乱すための道具のようなものなのだ。………そ

れゆえ，文字を書き，書学を用いるのは天下の大敵である。だから私は書

学なるものを採用しないのである。

「転道」は「天道」，道理というような意味です。「転下」は「天下」。

ここまで突き詰めた人は他にいませんが，江戸時代の支配的な文字の書き方である御家流を嫌って，他の流儀の書字法で文書を記した人もいました。

なお，19世紀に入ると，百姓の訴願という形式では立ち行かなくなる事態が生まれてきます。そのような中で，再び実力をもって為政者と対峙する百姓一揆の形式が呼び戻されました。そうした村では，手習塾で百姓一揆の訴状を用いた教育が行われたという伝承もありますが，まだ資料の裏づけはとれていません。いずれにしても，民衆の闘いと読み書き能力は強く結びついていたのです。

ニッポン，スゴイデスネェ？

幕末維新期に日本に到来したヨーロッパとアメリカの人々が感動したことの一つは多くの日本人が読み書きできる，ということでした。

ロシアの船長ヴァシリー・ゴローニン[14]（1776〜1831）は，1811年から13年まで日本で2年3カ月の監禁生活を送りました。「日本の国民教育については，全体として一国民を他国民と比較すれば，日本人は天下を通じて最も教育の進んだ国民である。日本には読み書きの出来ない人間や，祖国の法律を知らない人間は一人もいない」。

ラナルド・マクドナルド（1824〜1894）も1848年に漂着し，49年アメリカに帰るまで北海道で囚人として捕らわれていました。「日本のすべての人——最上層から最下層まであらゆる階級の男，女，子供——は，紙と筆と墨［矢

立] を携帯しているか，肌身離さずもっている。すべての人が読み書きの教育をうけている。また，下層階級の人びとでさえも書く習慣があり，手紙による意思伝達は，わが国におけるよりも広くおこなわれている」。

フリードリヒ・オイレンブルク（1815〜1881）は，幕末にプロイセン政府の使節の一員として来日しました。「暇なときの読書は，あらゆる階級の日本人が第一にすることである。本屋には，日本・シナの書のみならず，地理・民俗・天文，その他自然科学の各部門，医学・戦術・兵書等々のヨーロッパの本の翻訳が見られる。本屋は至る所の通りにあり，本は信じられないくらい安く，それでいかに多くの本が読まれているかもわかるのである」。

エーメ・アンベール（1819〜1900）はスイスの全権大使でしたが，1863年から64年まで日本に滞在しました。「日本人は，子どもらが教育によって受ける利益を無視しようと誰も思いはしない。ただ学校教育の基準も知らず，頑固な父親が当然，筋を通してよい強制力の程度もわきまえていない。しかも成年に達した男女とも，読み書き，数の勘定ができる。日本の教育制度のすべてを軽蔑してはならぬ，と私はあえてここでいいたいのである」。

ヘンリー・ファウルズ（1843〜1930）はスコットランド出身の医療使節で，1874年から86年まで日本に居住し，視覚障害者のための教育を整備する手助けをしていました。「日本にいるあいだじゅうずっと，身分の低い連中と毎日付き合ってきたが，読み書きできない人たちと出会ったのは一人か二人に過ぎな

※14 ゴローニンは千島列島を測量中だったロシア軍艦の艦長でした。ロシアは千島方面への進出を狙っていたところでしたが，日本も国後などでアイヌの人々と交易を始めていました。北海道以外でも，ロシアとの関係は緊張していました。そのためゴローニンは日本の役人につかまり，抑留されたのです。これをゴローニン事件といいます。

い。滞在を始めた最初の年のことではあったが，人々が皆，少なくとも初等教育を受けていることには大いに感心させられた。アメリカ領事ヴァン・ブーレン将軍も，零細な貧農でさえほとんどが読み書き計算ができると述べており，私の限られた経験から感じたことが，確かなものであることが分かった」。

　前出エドワード・モースは，1877年から83年まで明治政府に雇われましたが，東京で書籍が戸口から戸口へと巡回図書館のように運ばれて流通しているのを見かけました。「大きな包を背負った人を，往来でしばしば見ることがある。この包は青色の布で被われて，手風琴を思わせる。これは大きな書架……事実巡回図書館なのである。本はいたる処へ持っていかれる。そして日本には無教育といふことがないので，本屋はあらゆる家へ行き，新しい本を残して古いのを持って帰る」（57ページ，本の行商スケッチ参照）。

　さて，これらの識字状況に関する証言を言葉のままに受け取っていいものでしょうか。これまで見てきたことに照らせば，そのまま信じることはできません。

　時代は明治へと続きます。明治初年の資料から，まずは幕末期の状況を推察することにしましょう。

5. 明治以降の識字状況を調べよう

明治以降になりますと，明治5（1872）年に「学制」が発布され，近代的な学校教育が始まります。また，組織的な識字に関する調査も行われるようになりました。

　まずは識字と教育に関する報告，回想の類を見ておきましょう。

学校，始まり，始まりぃ～

　明治初年の識字状況について，前述した明治初年の岩国藩の報告書では，武士層の識字能力に続き，民衆の識字能力について，次のように書いています。「農商漁父の中にて不自由なく仮名文字を書き読みを能くする者いく人ぞや。支那文字を書き読みする者に至ては千人に付て一人にも足らざるべし［仮に一人と定めば七万二千人の中にて七十二人なり］」。これによりますと，漢字の読み書きができる民衆は0.1%以下と見積られています。

　日本の「公園の父」と呼ばれる本多静六[1]（1866～1952）は幼少の頃を振り返って，次のように述べています。「明治5年8月，学制が公布されて，私が小学校に入ったのは，たしか八つのころであった。校舎は村の孝福寺，教室には本堂があてられ，仏壇の前の板の間の上に木の机を並べて，薄っぺらな坐蒲団の上にすわった。手習いといっても，顔に真黒に墨を塗り合ったり，仏壇の裏でお化けごっこをしたりして，遊んでばかりいた」。学校教育が始まって間もない頃には文字の学習すらままならなかった学校の様子がうかがえます。江戸時代の手習塾とほぼ変わらないものだったのでしょう。

　1901年から1903年にかけて文部大臣だった菊池大麓（1855～1917）は次

※1　埼玉出身の造園家。回想は現埼玉県久喜市の小学校の様子。

のように書いています。「普通の子どもが恐らく大した施設もない普通の学校で4年間教育を受けると，仮名で書かれたものを読めるようになり，また簡単な言いたいことを書けるようになる。しかしながら，普通に用いられている文章は，ほとんど総てが漢字交じりで書かれているが，子どもたちはたった500の漢字を習うだけなので，困ったことに普通の印刷物が読めないのである。高等小学校を出て，中等教育を受ける子どもの数はまだ少ない。そのために，一般の人々が読む新聞や他の印刷物の漢字の横には振り仮名が付いているのである。この多忙な世界でこうした状態が長続きするとは思わないし，すぐにローマ字を使うようにはならないけれども，漢字は段々と使われなくなっていくだろうと思う」。

地域でこんなに違う，読み書き能力！

　明治期に入ると識字に関する調査が行われるようになりました。その一つは『文部省年報』に調査結果が記されている，いくつかの県の自署率調査です。それを一覧表にまとめると表3のようになります。

　自署率よりも詳しい調査も残されています。その一つは長野県常盤村（現大町市）の調査で，識字能力が8段階に分けられています。ただし，この調査対象は男性に限られていましたし，調査人数は900人弱でした（表4）。

　どの程度までを「実用的識字」と見るか，表の4「日常出納の帳簿」を入れるか入れないかで，aとbの見方を表中に示しました。入れた場合（a）には実用的識字率は23.6％になり，入れない場合（b）には9.1％にまで落ちます。多く見積っても男性の4人に1人程度しか実用的な識字能力を持っていなかったことを示しています。

表3　自署率調査（『文部省年報』による）

県（郡）名	年次	男性（%）	女性（%）	全体（%）	対象
滋賀県	1877年	89.2	39.3	64.1	6歳以上
山口県玖珂郡	1879年	55.0	16.5	36.3	全人口
群馬県	1880年	79.1	23.4	52.0	6歳以上
青森県	1881年	37.4	2.7	19.9	6歳以上
鹿児島県	1884年	33.4	4.0	18.3	6歳以上
岡山県	1887年	65.6	42.1	54.4	6歳以上

表4　長野県北安曇郡常盤村の調査結果（1881年）

字を識者と識らざる者との区別表（男性のみ）	（人）	（%）	分類a（%）		分類b（%）	
1　「白痴」	0	0.0	文字知らず	35.3		
2　数字と自分の名前が読み書きできない者	312	35.3				
3　自分と自分の村の名前が書ける者	363	41.1	姓名自署可能a	41.1	姓名自署可能b	55.6
4　出納の記録ができる者	128	14.5				
5　手紙や証書の類いが書ける者	39	4.4	実用的識字層a	23.6	実用的識字層b	9.1
6　公用文にさしつかえない者	18	2.0				
7　お達しの類いを読める者	8	0.9				
8　お達しや新聞の論説を読んで理解できる者	15	1.7				
合計	883					

　調査の方法などが違っていますから，比較するためには，比較できる項目で揃えなくてはなりません。そこで第1章で紹介したルビンジャー氏の方法にならってみましょう。つまり，字が読めない人たちの割合＝非識字率を見るのです。まとめると表5のようになります。

　非識字率に注目して，いくつかの県の調査をまとめてグラフにすると，図17のようになります。

　これらからどんなことを読み取ることができますか。

　明治期の識字状況の特徴は第一に，地域間格差が非常に大きいということで

表5 非識字率（『文部省年報』などによる）

県（郡）名	年次	男性（%）	女性（%）	全体（%）	対象
滋賀県	1877年	10.8	60.7	35.9	6歳以上
山口県玖珂郡	1879年	45.0	83.5	63.7	全人口
群馬県	1880年	20.9	76.6	48.0	6歳以上
長野県常盤村	1981年	35.3	—	—	男性のみ
青森県	1881年	62.6	97.3	80.1	6歳以上
鹿児島県	1884年	66.6	96.0	81.7	6歳以上
岡山県	1887年	34.4	58.0	45.6	6歳以上

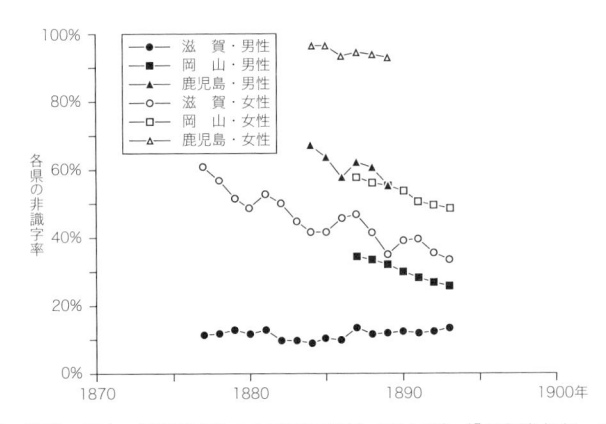

図 17 滋賀・岡山・鹿児島3県の非識字率推移（男女別）（『文部省年報』による）

す。また明治期の早い時期ほどそれは顕著でした。青森と鹿児島は自署率が低く，特に女性のそれは両県とも5％にも満たないものです。両県の男性の自署率は女性に比べれば高いのですが，それでも滋賀県や岡山県の女性にも及びません。こうした状況の背景にはその地域の産業の種類の違いと，江戸時代からの「遺産」がありそうです。

　第二に，男女間の差が非常に大きいということです。そしてその差は自署率が高い県ほど縮まっているのが特徴的です。

第三に，どの県も非識字率は漸減していることです。多少の揺れはあるものの，明治中期を通じて自署率は高くなっていきました。これは学校教育の影響によるものだと考えられます。

　近代学校は，1872年に「学制」が発布されて，その設立が奨励されてから全国に急速に広まりました。わずかに5年間で2万5000を超える小学校が設立されました。ただし，就学率が9割を超えるには30年近くの歳月を必要としましたし，常時出席するのが当たり前になるのには，さらに時間がかかりました。

　さて，非識字の状況についてはある程度判明しましたが，どれほどの人たちが，どの程度の識字能力を持っていたのか，ということを教えてくれるような資料はないものでしょうか。

　先に見た長野県常盤村の調査はそれを示す数少ない貴重な資料ですが，男性のみを対象にしていること，調査人口が900人にも満たないことなどから，結果を一般化して理解しにくいところがありました。研究者待望の資料，識字能力の大規模な調査結果は和歌山県に埋もれていました。

　和歌山県の北部，旧野上町（現紀美野町）に野上八幡宮という由緒ある神社があります。そこに『総人員之内文通出来ル者性名自書スル者文字ヲ知ラサル者取調書』と書かれた資料が二点あります。これらは1874年6月の日付があり，八幡宮周辺（旧野上町他と海南市の一部）の村々の識字を調査した結果を記した資料です。大区・小区とあるのは当時の行政区分けによるもので，戸長・副戸長によるこの調査結果は「和歌山県権令神山郡廉」に宛てて報告されたものの控えのようです。しかしこの時期の県庁文書は明治時代の火災と後の戦災で焼失しているので，全県的な状況や，都市部の状況，調査の方法やその目的などについては未解明です。

表6　和歌山県第3大区10・12小区識字調査結果（1874年）

文通可能な人		698人	5.6%
	男性	651人	10.4%
	女性	47人	0.8%
姓名自署できる人		3092人	24.7%
	男性	2854人	45.6%
	女性	238人	3.8%
文字を知らない人		8723人	69.7%
	男性	2757人	44.0%
	女性	5966人	95.4%
	6歳以下	1520人	―
総数		14033人	―
	男性	6262人	―
	女性	6251人	―
	7歳以上男女	12513人	―

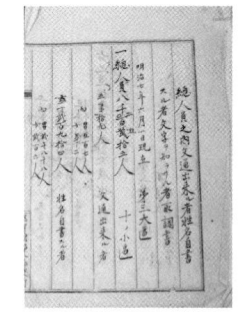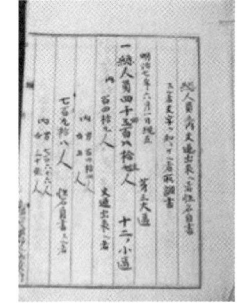

　この資料によりますと，第3大区10および12小区の総人口は1万4033名，このうち7歳以上は1万2513名でした。この結果を一覧表にすると，表6のようになります。

　この調査では，識字の程度を3段階に分けて，「文通可能程度」「姓名自署程度」「非識字」としているため，比較的詳しくその様態を知ることができます。しかも調査対象が1万人にも及んでいるため，当時の農村部の実情をかなり反映しているものと見ることができます。

　平均すると文通可能な男性は1割，女性は1％未満，名前が書ける男性が半分弱，女性が4％程度なのでした。村によってもかなりの違いがあり，男性4割弱，女性7％強も文通できる村もありましたし，男性8割，全体でも半分弱の人々が姓名を自署できる村もありました。

　和歌山県西南の別の資料から判明した現田辺市山間部の調査結果は表7の通

表7　和歌山県第7大区9小区識字調査結果（1874年）

		深谷村	大谷村	竹ノ平村	下川上村	下川下村
文通可能		0人	1人	1人	4人	2人
	（％）	0.0	0.7	2.1	1.6	0.4
姓名自署		4人	0人	0人	18人	23人
	（％）	4.3	0.0	0.0	7.0	4.9
無筆		90人	135人	47人	235人	442人
	（％）	95.7	99.3	97.9	91.4	94.6
総数		94人	136人	48人	257人	467人

りです。男女別の数字は出ていませんが，同じく文通可能，姓名自署可能，無筆の三区分で調査結果が報告されています。時期も全く同じです。

　農村部に比して山間部の識字能力の極端な低さに驚かされます。逆に見ると，この人たちの明治初年までの生活に，文字というものはほとんど必要がないものだったのでしょう。青森県や鹿児島県の非識字率の高さも同様なのでしょう。文字というものを知らなくても，それなりの生活が営めたということを，この数字は示しているようにも見えます。

　『陸軍省統計年報』には，1899年から1937年にかけて，全国の壮丁（そうてい）[※2]を対象に行われた試験の結果が記録されています。この調査対象は非常に多く（1899年には41万9416名），日本の連隊区を総て含み，小学校卒業と同程度以下の者の読み書き能力に計算能力を加えて調査項目が作成されています。

　試験を受けた人々は，まず学校階梯に合わせて序列づけられ，学校階梯の項目の下にさらに二つの項目があり，「やや読み書きを為す者」，「読み書きを知らざる者」などとされています。

※2　成年（二十歳）に達した男性。徴兵の対象になりました。

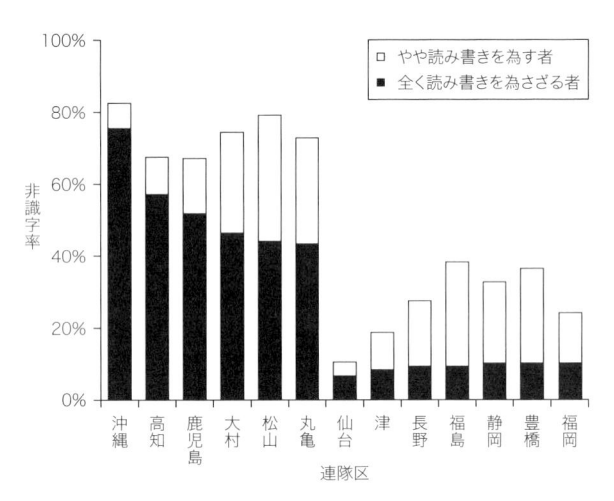

図18 　非識字率の高い連隊区と低い連隊区（1899年）（『陸軍省統計年報』による）

　この資料の欠点は，女性が除外され，二十歳（はたち）の男性という限られた人々の資料であること，そして県単位ではなく，居住地域によって割り当てられた連隊区単位の調査であることです。どのように試験が実施されたのか，どんな質問がされたのか，居住地のある連隊区で試験を受けたかどうかなどは記述されていません。

　1899年の試験結果は，全く読み書きできない者に関しては，大きな地域差が存在したことを明瞭に示しています。図18は非識字に関して一番高い連隊区と一番低い連隊区とを，その差異に焦点を当てるように比較したものです。その差異は大きく，沖縄の新兵の76.3％，高知の57.6％が「全く読み書きできない者」でした。他方，仙台では7％，津では9％しか非識字に分類されている者はいません。

　その後非識字の割合は減少し，大きな地域的差異は縮まっていきました。図

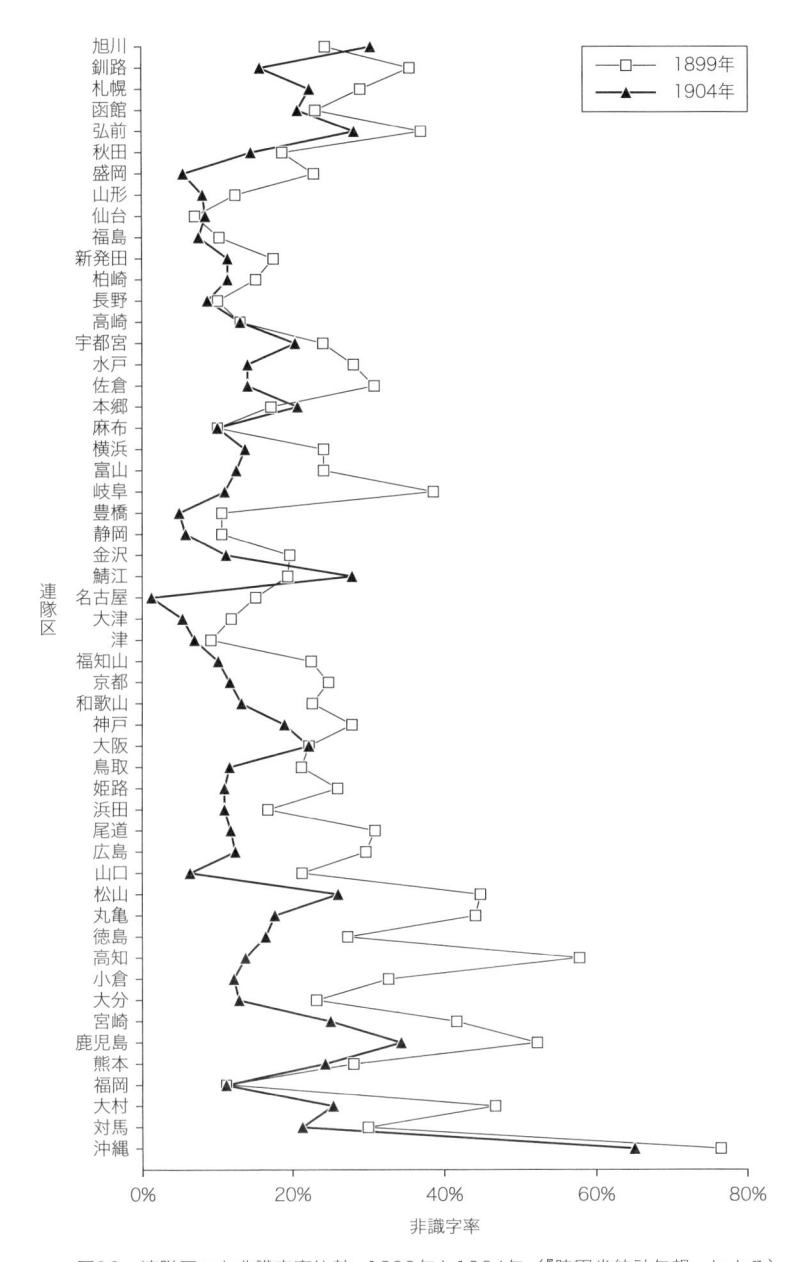

図19　連隊区ごと非識字率比較，1899年と1904年（『陸軍省統計年報』による）

19には全国の連隊区を書き入れてあります。全体を見渡してみると、1899年に非識字の割合は西日本で高かったことが注目されます。非識字率の高い地域は列島の末端にあり、都市から離れています。これと対照的に1899年から1904年の間には、地域的差異は全般的に平準化されていて、ほとんどの地域で非識字率は下がっていますが、旭川、弘前、本郷（東京）、鯖江の各連隊区では増加しています。地域の傾向を読み取ってみましょう。

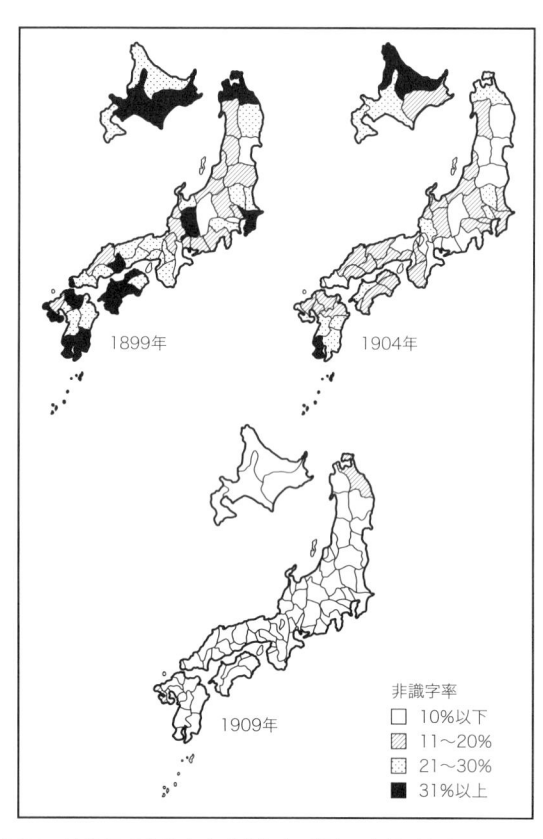

図20　連隊区別非識字率減少傾向（『陸軍省統計年報』による）

1905年頃, 日露戦争の時期に就学率は男女ともにほとんど皆が就学するところまで上昇しました。

　図20の地図は, 新兵における非識字率の減少を, 各連隊区, 1899年, 1904年, 1909年と5年ごとに図示したものです。1899年の地図は, 二十歳の男性の非識字率に広範な地域的差異が残存していたことを示しています。

　前述したように, 1899年の地図には列島の周辺部のほとんどの地域で高い非

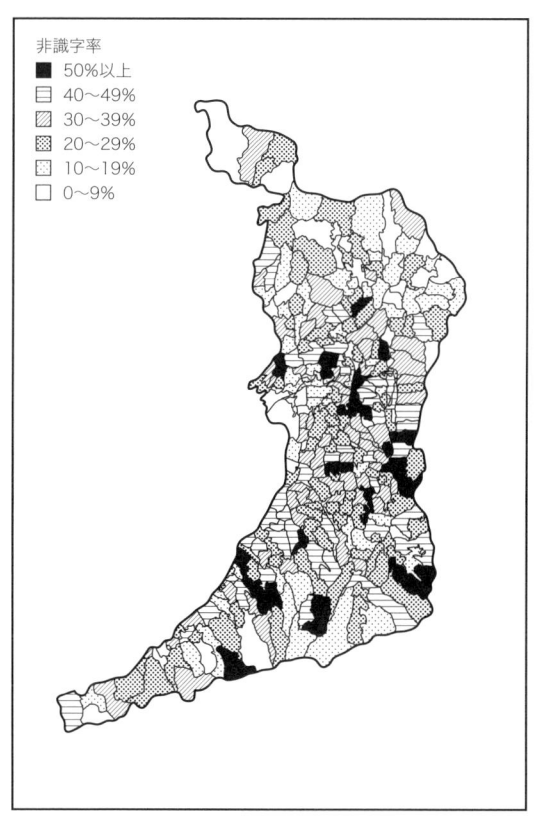

図21　大阪の町と村別の非識字率（1900年）（大阪府内務部第三課
『明治33年度壮丁普通教育程度取調書』による）

識字率が見られます。東日本と西日本には顕著な違いがあり，西日本の東端の滋賀と三重の県境に沿って日本海から太平洋へ線が引けるようです。非識字率が高いのは西日本で，東日本は低いですね。ただし東北と北海道は例外でした。

　もう一つ，大阪府内の非識字率の状況を見ておきましょう。大阪の資料は町や村の単位まで分析することが可能な資料なのです。その1900年時点での非識字率の分布は図21のようになっています。まるで万華鏡をのぞいたようですね。地域によって非常に識字能力が異なっていることがきれいに示されています。非識字率は概して商業地域では低く，工業地域では高く現れています。これは商業地域の識字能力の必要性と，工業地域での就学抑制（学校に行かせるより，働かせる）に関係があると考えられます。

　1872年に近代学校の設立を宣言してからおおよそ30年。1900年当時に二十歳の人々は，学校教育の影響を現し始めていましたが，それでもまだ地域的に均一の識字能力を得るにはほど遠いところにあったのです。

6. 日本の読み書き能力の展開を整理しよう

江戸時代以降，読み書き能力がどのように普及してきたのか，それがどのような影響力を持ったのか，統計的な数字の調査と，歴史に記録された「証言」を見てきました。ここではそれらをまとめ，通してその流れを見ることにします。

読み書きできない貴族たち

最初に江戸時代以前のことを簡単に記しておきましょう。

一般民衆が読み書き能力をいつから身に付けたのかは分かっていませんが，村の有力者たちが読み書きを始めたのは，8世紀の律令国家にまで遡って考えることができます。当時，奈良の都にいた貴族たちは，中国をモデルとして中央集権的統治機構を形成していました。農村からの報告や情報交換には木や竹でできた木簡と呼ばれるものを用いていました。出羽国秋田城の遺跡からも，夥しい数の木簡が見つかっています。木簡は，中央政府とその出先機関にいた役人たちが漢字で書きつけたものです。都に置かれた大学寮は，7世紀に設立され，地方の役人の子弟を教育するために支校が地方にも置かれていましたが，そこでは儒教のテキストである『論語』や『孝経』に基づいた教育課程が大陸の唐帝国と同様に用いられました。

中央の政府は民衆を管理するために戸籍を作成させました。戸籍は地方の役人や農村の指導者たちが作成し維持していました。このことから，8世紀律令の初期に，地方の有力者にまで読み書き能力が広まっていたことが分かります。

なお，仏教は経典によりますので，僧侶であれば読み書きできないわけにはいきませんでした。当時僧侶たちが学んだ経典は，サンスクリット語[1]などか

※1　古代インドなどで使われた言葉。

図22 木簡

ら中国語に翻訳されたものでした。江戸時代までは日本語に翻訳されなかったので，僧侶が読み書きしていたのは中国語ということになります。

　また律令国家は，統治下の総ての地域と中央との文書のやり取りを必要としました。中央政府および地方の統治が複雑になり，また支配が行き渡るにつれて，律令国家を支えるために文書を読み書きできる地方の役人が増えていったのです。

　ただし，僧侶とは違って，総ての貴族が文字の読み書きができたわけではなさそうです。彼らは，他の貴族の書き記した日記などで能力の不足を指摘されていました。たとえば，藤原道長（966〜1027）の異母兄道綱（955〜1020）は「わずかに名字を書き，一二を知らざる者」とか「一文不通」と評され，道長の曽孫の子忠実（1078〜1162）も「一文不通」とされていました。「一文不通」という表現は，当時の公式記録スタイルである漢文に暗いことを意味していたようです。前者は大納言，後者は摂政・関白を務めた最高位の貴族でした。また道長の遠い親戚で中納言を務めた藤原実教（1150〜1227）は「漢字を知らず」といわれ「一字も書かずにただ筆を持って紙に当てているだけだった」と記録されています。どうやら官職の世襲が強まると文筆能力が低くても務まるように

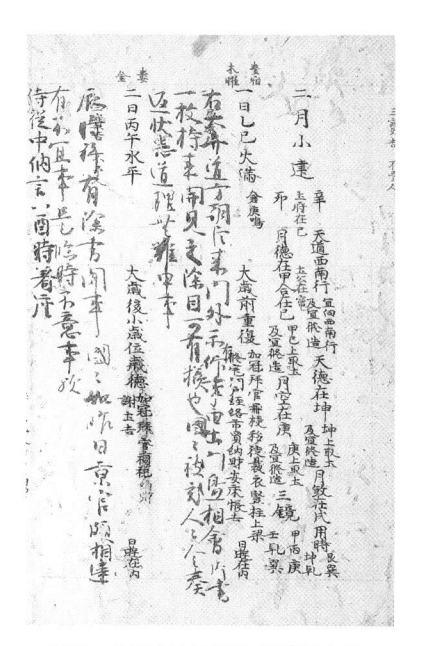

図23 藤原道長の日記『御堂関白記』

なっていったようです。実教などは文筆能力以外の能力・態度（管絃や忠節[かんげん]）が評価され，全体としての評判は悪いものではありませんでした。

　漢文で記録するということは，日本語を瞬時に古代中国の文語に変換して記録するということでもあります。漢文というのは現代中国語ではなく，古代の中国語だからです。漢文での記録というのは，私たちが漢文の授業で白文を読み下した上で内容を理解していくのと，ちょうど逆の作業をしていたことになります。これは支配のための正式な記録や貴族の日記などの形でその後も永く残り続けます。あくまで漢文こそ正格な文体だったのです。

　他方，これと並行して，新しい文体も生まれました。平安時代後期に発明された平仮名と漢字を組み合わせ，部分的には漢文の作法を取り入れながら発達し

た漢字仮名交じり文体です。これが鎌倉時代以降武士たちに用いられ，支配のための文体となります。

文字にこめる強い思い

　中世，文字を知らない民衆にとって，永久に記録する力を持つ文字というものは恐ろしい魔力を持つものと考えられていたようです。そこで「名を籠める」という敵を呪詛する行為も行われました。これは呪詛したい相手の名前を紙に書いて封印することです。このことによって，相手を病気にしたり，命を奪ったりできるものと考えられていました。文字は人間自身をも封じ込めるほどの力を持つ，恐ろしくも不思議なものだったのでした。後に村役人層が村の文書を自宅で保管したのも，文字の力への畏敬があったからかもしれません。

　その民衆も，農民たちの指導者ともなると，自分たちの生活を守るために片仮名とごくわずかな漢字を使って，訴訟に用いる文書を書くことができるようになりました。その文書は正式な訴訟用の文章ではありませんでしたが，「ミミヲキリハナヲソギ」の文書のように，実際に彼らの訴えを効果的に訴訟の場に提出することができるようになったのでした（本書69ページ参照）。

何といっても都市部：17世紀・江戸時代初期

　17世紀前後の農村には，高い水準の読み書き能力を持ち村落行政の様々な必要を満たす指導者がいました。読み書き能力が，村役人層を超えてどれほど広がっていたのかを確かめることは難しいのですが，村役人以外の農民が年貢計算の間違いに気づいて不満を持ち，嘆願書を差し出して，被った不公平を正す情報を探したことは分かっています。

読み書き教育は二つに分かれ始めていました。一方には一般民衆のための習字の初歩を教える手習塾や寺院がありました。他方には村落支配層の自宅で，その一族に限られたより高い水準の職業訓練が続けられていました。村落の支配を行うのに適した教育は村役人層の家の内部で行われるのが好ましく，家の外に広まってはならないものでした。二つの教育は農村の「二つの文化」を象徴します。

　同じ頃，都市部では様相が違っていました。都市では，大都市であっても小都市であっても，中心部であっても周辺部であっても，読み書き能力は数少ない地区の指導者たちの範囲を超えて，多くの世帯主にまで浸透していました。

　しかしながら，小都市と大都市との間に違いがありました。京都の商業地区では世帯主を超えて，その息子のほぼ半数，男性使用人，店子層に読み書き能力が広がり，家持ち層から，父親，甥，叔父または伯父へも広がり，成人女性にまで広がっている場合もありました。こうした流れは大都市では一般的なものであったと考えてよいでしょう。

　けれども長崎のような田舎町では読み書き能力の範囲はずっと限られていました。男性世帯主の花押の使用は京都のそれと同じなのですが，少しでも読み書き能力の片鱗を示すような息子や使用人はずっと少ないものでした。

　友岡村の資料は，小さな農村であっても高い読み書き能力を持ち，村落行政と商業に従事した指導的人物が何人かいたことを明らかにしてくれました。この文書はまた，農村の人々は「二つの文化」に分かれていたことも示しています。村役人層の外側には，女性，成長した子どもたち，使用人そして召使がいて，人口のかなりの部分を占めていましたが，文書に印されたものから判断すると，17世紀にはほとんど読み書きできないままでした。

もっと深く知りたい：18世紀の読み書き能力

　18世紀には地方の村と町の読み書き能力は劇的に変化しました。それは新しい人々の層にまでその能力が浸透したのではありません。変化したのは，彼らの文化的生活と読み書き能力の質でした。元禄時代以後，急速に発展した大都市の文化により近づこうと，その読み書き能力を深めたのです。彼らは儒教や仏教，国学や医学，和歌や俳句に関する学者になり，その過程で都市と農村の重要な文化的架け橋となっていきました。

　18世紀の地方文人の勃興は，田舎の人々を大都市の文化に近づけましたが，同時に村で高い読み書き能力を誇っていた人々と，普通の農民との間の格差を広げることにもなりました。農村の「二つの文化」は，読み書き能力の分布範囲の両極端に位置することになったのでした。頂点には村役人層がいて，農業と商業とを問わず裕福で，往々村方の役人として政治的影響力を持ち，儒教や仏教，国学などを相当学び，特に和歌や俳句と書道に関する技芸を身に付けていました。そしてその底辺には権力を持たず，富もなく，土地も所有していなかった多くの農民たちがいたのです。

読み書き能力が広がり始めた：19世紀の読み書き能力

　19世紀には高い文化と読み書き能力を持った一般民衆が，都市郊外ばかりか，都市から遠く離れたところにも現れ始めました。新しく出現した知識人たちは，政治活動にも参加し，女性知識人たちは自らの能力で家の商売を助け，商人知識人たちは多かれ少なかれ商売そっちのけで文化に勤しみました。

　民衆の学びと文化の点で19世紀を18世紀とよりはっきりと区別するのは，民衆の手習塾の興隆です。手習塾は間に合わせのものでしたが，読み書き能力に

関わる様態を垣間見ることができます。

　手習塾への就学という点でいえば地理的条件が重要でした。都市地域に近いか，街道や情報交通手段に近く，あるいは商業活動の盛んなところでは，農民たちにもその指導層にも手習塾に高い関心が寄せられました。農民たちはよりよい生活を求めていましたが，他方その指導層は農民の不平不満をなだめ，手習塾での教育によって秩序破壊を防がなくてはならないと考えていました。

　手習塾の就学資料からは，女性には就学機会が少なく，田舎では特に少なかったことが分かります。しかし大都市の商業地域では，女性たちは田舎よりも遙かに高い率で就学しており，田舎の男性のそれよりも高く，商人の男性の率とほぼ同じでした。

　農村では短期間手習塾に通っただけでしたから，初歩的な読み書きを超える能力の浸透は遅々たるものでした。ですからこの時期にも農村に「二つの文化」がはっきりと残存していることを示しており，村役人層以外の人々がより高い能力を身に付ける機会はごくわずかでした。

　他方，都市近郊の村や商業地に出やすい街道沿いなどでは事情が違っていました。入れ札の資料は，ほとんど総ての本百姓が漢字を書けるほどの能力を持っていたことを示しており，より多くの人々が村の政治に参加できるようになっていたのです。農村から町に出て行った女性の中には，初歩的な読み書き能力を使って生活を改善しようと，お上に訴え出た人もいました。読み書き能力は，おかしいと思ったことをおかしいと表明するための道具であり，それによって政治への参加が拡大し，より豊かな未来と生活水準を手に入れ，さらにより大きな自由と人間の権利を獲得するといったように，19世紀初期の日本で社会を根源的に変えていく可能性を秘めていました。

しかしながら，江戸時代の日本では世界で最も読み書き能力が普及していた，というような言説が流布していますが，これが正しくないことは明らかになったと思います。

　なお，江戸時代の読み書き能力の発展は，「学校」という施設やその成長の結果ではなく，その出現の前に起こっていたことが注目されます。

近代でも，現代でも：明治以降の読み書き能力

　明治政府が学校を作り，子どもたちを通わせるよう奨励し始めましたが，就学したからといって読み書き能力を身に付けることができたわけではありませんでした。それは20世紀の入り口になっても，新兵たちに全く読み書きできない者たちが残っていたという事実を見れば分かります。確かに非識字率は低下していったのですが，低下の仕方は均一ではありませんでした。江戸時代には引き続き地域的な差異が残っていました。また男女間にも顕著な違いがあります。

　明治期の一般民衆の読み書き能力の発達は，就学しているかどうかよりも，共同体の地理的な環境――大都市の近くか，商業や交通のための道路や河川があるか，学びや文化の伝統があるか――に関係していました。全体として商業活動は非識字率の低さと関連し，高い非識字率と工業化の進展する地区とが関連していることが分かりました。20世紀に入る頃の日本人は，基礎的な読み書き能力に関しては，地域による違いが大きく，均一ではなかったのでした。

　そして現代。社会の片隅には識字障害に苦しむ人々がいて，また外国からやって来て日本語の読み書きを身に付けていない人々がいます。様々な事情で十分な義務教育を受けることができなかった人もいますし，いじめなどで学校から

はじき出されてしまった人もいます。今でも識字能力は，決して100％の人々が身に付けているわけではないのです。

エピローグ：情報の読み書きへ

様々な資料に基づいて，江戸時代以降，主として民衆がどのように読み書き能力を獲得していったのか，それはどの程度のものなのか，ということを見てきましたが，皆さんも皆さんなりの識字の歴史像を描くことができたでしょうか。

　1985年にユネスコ国際成人会議が開かれ，「学習権宣言」が採択されました。宣言の冒頭に次のような文章があります。「学習権とは，読み書きの権利であり，問い続け，深く考える権利であり，想像し，創造する権利であり，自分自身の世界を読みとり，歴史をつづる権利であり，あらゆる教育の手だてを得る権利であり，個人的・集団的力量を発達させる権利である」。そして学習権は，「きたるべき日のためにとっておかれる文化的ぜいたく品ではない。それは，生存の問題が解決された後にはじめて生じる権利ではない。それは，基本的なニーズが満たされたあとにとりあげられるものではない。学習権は，人類の生存にとって不可欠な道具である」と述べられ，人間の生存にとって欠かせない権利，つまり人権中の人権であるといわれています。その学習権の真っ先に述べられているのが読み書きの権利です。

　本書冒頭に読み書きに困難を抱える障害のこと，夜間中学に通う人たちのことなどを取り上げました。上の宣言から30年以上も経ちますが，この人たちに学習権は保障されているといえるでしょうか。学習権の前提に，やはり読み書きできるようにすることが必要で，それには，学習する側の努力の問題とは別に，漢字使用を中心とする日本語運用の問題も考えていく必要があるのではないでしょうか。また読んでいても内容が理解できない子どもたちに，直ちに手が差し伸べられなければなりません。

　そして問題は新たな局面に入っているようです。

2016年アメリカ合衆国でトランプ大統領が当選した選挙戦で，フェイク・ニュースが話題になりました。フェイク・ニュースとは，嘘のニュースのことです。たとえばローマ法王がトランプ候補を支持することにした，などの嘘ニュースがネットで流され，トランプ候補当選に影響したとされています。

　これはアメリカに限った話ではありません。2017年フランス大統領選挙でもマクロン候補に対する中傷を意図したフェイク・ニュースが流されましたし，2016年イギリスのEU離脱の是非を問う国民投票でも離脱効果に関するフェイク・ニュースが流されました。

　そしてこの日本でも同様のことが起きています。特に沖縄の基地建設反対を訴える人たちに関するフェイク・ニュースは2017年にテレビでも流され，深刻な被害を与えました。

　情報ツールの発達によって，誤（嘘）情報が拡散し，影響力を持つ度合いは10年前とは比較にならないほど高まっています。その上，SNSという仕組みによって，情報を受け取る側だった一般の人々が，情報を広める側にも回り，その威力は新聞をもしのぐほどになっています。他方で，情報ツールを使えない人たちが情報から遮断される新しい差別の問題も深刻です。

　現代の情報は様々なツールを使って届けられますが，それを読み解く基本の一つは読み書き能力です。まずは文字が読めなければ，情報ツールを利用することができません。動画や音声による情報の発達は目覚ましいものがありますが，当面のところ，文字を抜きにしては大切な情報が伝わらないことでしょう。まさに本書で考えてきたのはこのことでした。しかし，読み取った情報の真偽を確認する努力がなければ，それは情報を受け取る前よりも状況をひどくしてしまう危険性が生まれています。読み書きできるがゆえに，フェイク・ニュー

スに踊らされて判断を誤ってしまうのです。しかも嘘の情報の方が本当の情報よりも20倍も速く拡散するという調査結果もあります。揚げ句の果て，民主主義は崩壊してしまうでしょう。

　そういう形で歴史を繰り返してはなりません。そのために私たちに必要なことは，お互いが受け取った情報を出し合って，それを議論することです。正しいだろうと鵜呑みにせずに，様々な角度から検討を加えることです。今後はこうした議論をすることも，読み書き能力に含めて考える必要があるように思います。

　皆さんが長年かけて身に付けてきたその読み書き能力を，あらゆる差別をなくし，この世界を真っ当なものにするために使っていきたいですね。

凡例

　資料の引用に当たっては，読みやすさを考慮して，片仮名や漢字を平仮名にしたり，旧漢字を新漢字にしたり，濁点や句読点を加えたりしたところがあります。

謝辞

　本書の叙述内容と掲載写真やグラフなどの多くを，R. ルビンジャー『日本人のリテラシー 1600-1900年』（柏書房）に負っています。この原本は『Popular Literacy in Early Modern Japan』（ハワイ大学出版）です。掲載・転載を快く許可下さったルビンジャー氏に深く感謝します。また，大戸安弘氏を代表とする旧識字研究会の皆さん（大戸氏の他，天野晴子氏，梅村佳代氏，太田素子氏，木村政伸氏，鈴木理恵氏，八鍬友広氏）の研究成果から数多く引用させていただきました。ありがとうございました。

参考文献

青木美智男・阿部恒久（編）『幕末維新と民衆社会』高志書院，1998年

新井紀子『AI vs. 教科書が読めない子どもたち』東洋経済新報社，2018年

庵功雄『やさしい日本語』岩波新書，2016年

石川松太郎『藩校と寺子屋』教育社歴史新書，1978年

石川松太郎・寺崎昌男・浜田陽太郎『近代日本教育の記録（上・中・下）』日本放送出版協会，1978年

梅村佳代『日本近世民衆教育史研究』梓出版社，1991年

太田市『太田市史　史料編　近世2』太田市，1979年

大多和雅絵『戦後夜間中学校の歴史』六花出版，2017年

大戸安弘・八鍬友広（編）『識字と学びの社会史』思文閣出版，2014年

加藤醇子（編）『ディスレクシア入門』日本評論社，2016年

かどやひでのり・あべやすし（編）『識字の社会言語学』生活書院，2010年

川崎喜久男『筆子塚研究』多賀出版，1992年

川田順造『コトバ・言葉・ことば―文字と日本語を考える』青土社，2004年

川村肇『在村知識人の儒学』思文閣出版，1996年

金文京『漢文と東アジア』岩波新書，2010年

木村政伸『近世地域教育史の研究』思文閣出版，2006年

黒田弘子『ミミヲキリハナヲソギ』吉川弘文館, 1995年

今田洋三『江戸の本屋さん』平凡社, 2009年

斎藤希史『漢字世界の地平』新潮社, 2014年

品川裕香『怠けてなんかない！　ディスレクシア〜読む・書く・記憶するのが困難なLDの子どもたち』岩崎書店, 2003年

柴田純『江戸武士の日常生活』講談社選書メチエ, 2000年

柴田純『考える江戸の人々―自立する生き方をさぐる』吉川弘文館, 2018年

J. E. スタッキー『読み書き能力のイデオロギーをあばく』勁草書房, 1995年

高井浩『天保期, 少年少女の教養形成過程の研究』河出書房新社, 1991年

高島俊男『漢字と日本人』文春新書, 2001年

カルロ M. チポラ『読み書きの社会史』御茶の水書房, 1983年

辻本雅史『「学び」の復権』角川書店, 1999年

長野県教育史刊行会『長野県教育史　第4巻　教育課程編1』長野県教育史刊行会, 1979年

深谷昌志『学歴主義の系譜』黎明書房, 1969年

松崎運之助『夜間中学があります！』かもがわ出版, 2002年

松塚俊三・八鍬友広（編）『識字と読書』昭和堂, 2010年

文部省『復刻版日本教育史資料』鳳出版, 1988年

八鍬友広『近世民衆の教育と政治参加』校倉書房, 2001年

八鍬友広『闘いを記憶する百姓たち』吉川弘文館, 2017年

柳井久雄『改訂版老農船津伝次平』上毛新聞社, 2007年

山根実紀『オモニがうたう竹田の子守唄』インパクト出版会, 2017年

R. ルビンジャー『日本人のリテラシー　1600-1900年』柏書房, 2008年

R. ルビンジャー『私塾』サイマル出版会, 1982年

若尾政希『安藤昌益からみえる日本近世』東京大学出版会, 2004年

若尾政希（編）『書籍文化とその基底』平凡社, 2015年

渡辺尚志『百姓たちの江戸時代』ちくまプリマー新書, 2009年

図表出典

図1　アフロ

図2　編集部撮影

図3　個人蔵

図4　田原市博物館蔵

表1　R. ルビンジャー『日本人のリテラシー 1600-1900年』柏書房, 2008年

表2　R. ルビンジャー『日本人のリテラシー 1600-1900年』柏書房, 2008年

図5　東京都江戸川区, 正真寺蔵。撮影：山下暢之

図6　R. ルビンジャー『日本人のリテラシー 1600-1900年』柏書房, 2008年

図7　R. ルビンジャー『日本人のリテラシー 1600-1900年』柏書房, 2008年

図8　「今堀惣分連署定状」東近江市今堀町蔵, 滋賀大学経済学部附属史料館所蔵

図9　六角町文書より。公益財団法人北観音山保存会蔵

図10　六角町文書より。公益財団法人北観音山保存会蔵

図11　「友岡村百姓南蛮起請文」長岡京市教育委員会蔵

図12　「村松村の入れ札　天保5年」金子俊郎氏蔵, 長岡市立中央図書館文書資料室寄託

図13　国立国会図書館蔵

図14　エドワード・モース『日本その日その日』創元社, 1939年

図15　個人蔵, 画像提供：太田市教育委員会

図16　写真提供：奈良市観光協会

表3　著者作成

表4　著者作成

表5　著者作成

図17　R. ルビンジャー『日本人のリテラシー 1600-1900年』柏書房, 2008年

表6　著者作成。写真の資料は野上八幡宮蔵, 著者撮影

表7　著者作成

図18　R. ルビンジャー『日本人のリテラシー 1600-1900年』柏書房, 2008年

図19　R. ルビンジャー『日本人のリテラシー 1600-1900年』柏書房, 2008年

図20　R. ルビンジャー『日本人のリテラシー 1600-1900年』柏書房, 2008年

図21　R. ルビンジャー『日本人のリテラシー 1600-1900年』柏書房, 2008年

図22　奈良文化財研究所蔵

図23　陽明文庫蔵

著 者

川 村　肇

かわむら　はじめ

1960年生。東京大学大学院博士課程中退。博士（教育学）。現在獨協大学教授。

主要著書

『在村知識人の儒学』（思文閣出版，1996年）

R. ルビンジャー『日本人のリテラシー　1600〜1900年』（翻訳。柏書房，2008年）

『戦時下学問の統制と動員─日本諸学振興委員会の研究』（駒込武，奈須恵子と共編。東京大学出版会，2011年）

『就学告諭と近代教育の形成─勧奨の論理と学校創設』（荒井明夫と共編。東京大学出版会，2016年）ほか。

歴史総合パートナーズ③
読み書きは人の生き方をどう変えた？

定価はカバーに表示

2018年 8 月21日　　初　版　第 1 刷発行
2020年10月21日　　初　版　第 2 刷発行

著　者　　川村　肇
発行者　　野村　久一郎
印刷所　　法規書籍印刷株式会社
発行所　　株式会社　清水書院
　　　　　〒102−0072
　　　　　東京都千代田区飯田橋3−11−6
　　　　　電話　03−5213−7151㈹
　　　　　FAX　03−5213−7160
　　　　　http://www.shimizushoin.co.jp

カバー・本文基本デザイン／タクティクス株式会社／株式会社ベルズ
乱丁・落丁本はお取り替えします。　　　　ISBN978−4−389−50086−3

歴史総合パートナーズ

以下続刊